RECUERDOS DE UN
MISIONERO EN SIBERIA

ICHTHYS
25

Colección dirigida por
Francisco José López Sáez

ARCHIMANDRITA SPIRIDÓN

RECUERDOS DE UN MISIONERO EN SIBERIA

Lo que he visto y vivido

EDICIONES SÍGUEME
SALAMANCA
2003

La edición de este clásico de la espiritualidad rusa y universal está dedicada a José María Hernández Blanco.
En nuestro recuerdo. Ediciones Sígueme

Cubierta diseñada por Christian Hugo Martín

Tradujeron Francisco José López y José María Hernández del original ruso *Iz vidennavo i perečitovo. Vospominanja propovednika-missionera b Sibiri*, publicado en la revista Christjanskaja mysl', n. 1-4, 8-10 (1917).

© Ediciones Sígueme S.A.U., 2003
 C/ García Tejado, 23-27 - E-37007 Salamanca / España
 Telf.: (34) 923 218 203 - Fax: (34) 923 270 563
 e-mail: ediciones@sigueme.es
 www.sigueme.es

ISBN: 84-301-1502-1
Depósito legal: S. 1354-2003
Impreso en España / UE
Imprime: Gráficas Varona S.A.
Polígono El Montalvo, Salamanca 2003

CONTENIDO

Prefacio 9

1. De Rusia al monte Athos 15
   Infancia y preadolescencia 15
   Simeón, el peregrino 22
   En marcha hacia el monte Athos 31
   Vuelta a la aldea. El santo Maksim 39

2. Predicación en Siberia 49
   Primera predicación en el Altai 49
   Peregrinación a Tierra Santa 52
   Predicación entre la gente de Siberia 59

3. Entre los deportados 67
   En la cárcel de Čita 67
   El seminarista homicida 68
   El «viejo creyente» de duro corazón 72
   El ladrón sacrílego 75
   El bandolero arrepentido 77
   El inocente condenado por amar a los hermanos 82
   La pecadora arrepentida 86
   El preso que había renegado de la Iglesia 90
   Alí, el musulmán 94
   El cleptómano 98
   El hereje 100
   El sacerdote ladrón 107
   El estudiante terrorista 109

4. La penitenciaría de Nerčinsk 111
   El apóstol de las prostitutas 111
   El libertino disoluto y homicida 114
   El asesino que se hizo monje 117
   El santo *mullah* 121
   El que practicaba los abortos 123
   El musulmán de corazón evangélico 126
   El ladrón de iconos 128
   Reflexiones de forzados 131
   El moldavo parricida 136
   El oficial traidor 140

PREFACIO

He decidido ofrecer a la redacción de «Pensamiento cristiano» los apuntes que tomé escuchando a un monje ruso misionero en Siberia, que contaba lo que había visto y vivido en aquellas regiones que están tan lejos de nuestra patria.

He reunido estas notas siendo totalmente fiel al relato y conservando esa sencillez que, a mi juicio, hace que la narración del padre misionero resulte cautivadora.

Él no tenía ninguna intención de publicar sus memorias y no les daba la importancia que poseen. Pero, ante mi insistencia, mi amigo cedió y aceptó compartir conmigo sus recuerdos siguiendo un orden cronológico. También me autorizó a publicarlos si yo consideraba que podían contribuir a edificar nuestra vida espiritual.

Estoy plenamente convencido de su utilidad y creo que si «Pensamiento cristiano» dedica un espacio a la publicación de los recuerdos de este misionero, hará mucho por la obra de nuestras misiones, tanto por las que se desarrollan fuera como dentro de la patria, pero sobre todo por estas últimas.

En el tiempo que nos toca vivir se ha despertado casi de improviso el interés por la experiencia religiosa, por la forma en que el corazón del hombre percibe esa experiencia, por el influjo de estas convicciones en su voluntad y por las alzas y bajas del fervor religioso en nuestra vida.

Y, para llegar a conocer tal experiencia, se recurre la mayoría de las veces al pasado, se mira a la derecha y a la izquierda, se examinan muy atentamente todas las historias posibles, incluso las más fantásticas, y se sacan consecuencias tan decisivas como infundadas.

En los relatos del padre misionero participamos de una vida próxima a la nuestra, escuchamos el alma del hombre ruso contemporáneo en toda la complejidad de sus emociones religiosas.

Bastará con decir que el narrador ha sido predicador misionero durante más de diez años en nuestros penales, que los ha recorrido, que ha hablado con los reclusos políticos y criminales, que ha sabido captar la riqueza de su vida espiritual, que ha sido capaz de amar profundamente a estos desheredados y, lo que todavía es más raro y valioso, ha sabido cautivar sus corazones y merecer su amor apasionado y su confianza.

La mayoría de los recuerdos, al menos por ahora[1], pretenden acercarnos al drama religioso que viven en su conciencia nuestros condenados a trabajos forzados.

Y si los *Recuerdos de la casa de los muertos* de Dostoievski han corrido un extremo de la cortina que oculta su vida espiritual, los recuerdos de nuestro santo misionero son un claro testimonio de que en el corazón del hombre existe siempre una luz que brilla en medio de las tinieblas.

Doy un gran valor a las observaciones del padre misionero sobre la vida y las creencias de nuestros hermanos siberianos, sobre nuestros *jurodivije*[2] y sobre otras clases de gente.

---

1. La publicación de estas memorias se interrumpió al estallar la revolución de 1917.
2. La palabra *jurodivije* significa «locos por Cristo» (cf. *infra* «El santo Maksim»). El *jurodivij* finge que está loco por amor a Cristo. Libe-

Digamos, pues, para concluir, que estos recuerdos muestran la vida de nuestra patria en su más viva realidad y que iluminan a menudo algunos aspectos que podían pasar desapercibidos para un observador superficial.

Es posible que, si se le hubiera dado una forma más literaria, este texto resultaría más atractivo e interesante para el lector, pero yo estoy absolutamente convencido de que la fidelidad absoluta a la trascripción responde más a la importancia y al mérito de las observaciones sobre la vida interior del hombre y sobre sus emociones religiosas. Me permito presentar todo el relato en primera persona, tal como me habló a mí el narrador.

Nota editorial

Sabemos muy poco del redactor de estos «recuerdos», publicados en la revista *Christjanskaja mysl'* («El pensamiento cristiano»), en los números 1-4 y 8-10 de 1917 con el título «Iz vidennavo i perečitovo; vospominanja propovednika-missionera b Sibiri» («De lo visto y lo vivido; recuerdos de un predicador misionero en Siberia»).

En medio del fervor de la renovación de la Iglesia rusa promovido en vísperas de la revolución bolchevi-

---

rado de las reglas y costumbres sociales, desprecia todo lo que el mundo estima. Las palabras de Pablo: «Estamos locos por Cristo» (1 Cor 4, 10) son el fundamento de esta forma de vida. El *jurodivij* realiza una especie de servicio profético, denunciando con audacia y libertad las hipocresías e injusticias de la gente que se cree mentalmente sana y honesta.

El *jurodstvo* se difunde en Rusia en el siglo XVI. Desde el XVIII las autoridades eclesiásticas desconfiarán cada vez más de esta forma de vida. La policía también los persigue por vagabundos y por negarse a trabajar. Pero los *jurodivije* son apreciados por el pueblo, que los ve como profetas y testigos del amor loco de Dios. La «locura por Cristo» no es exclusiva de la espiritualidad rusa. La Iglesia griega venera a seis santos *saloi* (locos) por Cristo, y de dos de ellos, san Simeón el Loco (alrededor de 550) y san Andrés (880-946), tenemos sendas interesantes biografías.

que, apareció en Kiev, en enero del año 1916, el primer número de esta revista bajo la dirección del profesor V. I. Ekzempliarski, de la Academia Eclesiástica de Kiev. Ekzempliarski era la voz de un grupo de intelectuales, sacerdotes y laicos, que querían reformar la Iglesia y confrontar la *intelligencija* rusa con las exigencias evangélicas. La revista, impresa por la tipografía Pervoj Arteli Pecatnavo de la Grechvjatel'skaia de Kiev, inició en enero de 1917 la publicación de estos relatos, que fue interrumpida por la revolución en septiembre-octubre de 1917. Fue precisamente en este número donde apareció el nombre del autor de estas páginas: el archimandrita Spiridón.

De él solamente conocemos lo que nos ha contado por las cosas que vio y vivió. Sabemos que nació en 1875 en la tierra de los «locos por Cristo», cerca de Zadorsk, en la provincia de Voronej, y que fue ordenado sacerdote en 1896 después de una peregrinación al monte Athos en 1892 (¡años en que llega Silvano a la santa montaña!). Durante 1896-1906, más o menos, tienen lugar sus misiones en Siberia entre los condenados a trabajos forzados y entre los habitantes de aquella región. Pierre Pascal escribe en la edición francesa que un colaborador de la revista exiliado en París afirma que el archimandrita Spiridón vivió en Kiev después de la revolución y murió en dicha ciudad. El resto de su biografía es para nosotros un misterio. Y, sin embargo, los relatos que se presentan a continuación dicen de él mucho más que el mejor de los documentos históricos.

RECUERDOS DE UN MISIONERO EN SIBERIA

1
De Rusia al monte Athos

Infancia y preadolescencia

No sé ni quién ni qué fui antes de mi nacimiento en la tierra. En ella aparecí en 1875. Mis padres eran pobres campesinos. De mis tres primeros años de vida no recuerdo nada, pero desde los cuatro hasta el día de hoy me acuerdo absolutamente de todo.

Me sentí muy pronto inclinado a la contemplación solitaria de Dios y de la naturaleza. Recuerdo que, siendo aún muy pequeño, mis vecinos me tenían por un niño extraño.

No tenía aún cinco años y ya empezaba a rehuir a los niños de mi edad. Prefería adentrarme en el bosque, dar una vuelta por el campo y pasar horas y horas en las colinas absorto en la meditación. ¿Existe Dios?, ¿tiene mujer e hijos?, ¿qué come, qué bebe?, ¿de dónde viene y quiénes son sus padres?, ¿por qué es Dios precisamente él y no cualquier otro?, ¿por qué no lo soy yo?, ¿qué soy yo?, ¿por qué ando, por qué inclino la cabeza, por qué hablo, como, bebo, me siento y duermo?, ¿por qué los árboles, las hierbas y las flores no pueden hacer eso mismo?

Pero lo que más me impresionaba era el sol y, por la noche, las estrellas. No me cabía en la cabeza que el sol se pudiera mover.

Había días que me fascinaba tanto el sol que cuando me iba a la cama por la noche decía:

–Bueno, mañana, en cuanto me levante, iré sea como sea hasta donde nace el sol. Llevaré un trozo de pan y procuraré que no me vea mi mamá.

Pero las estrellas no me importaban menos que el sol. No lograba entender por qué sólo aparecían por la noche. ¿Qué son las estrellas?, ¿viven como las personas o son unas lámparas que están ahí encendidas? Con todo, lo que más me impresionaba era la Vía Láctea. Una vez le oí decir a un muchacho amigo mío que un maestro, que vivía en su casa, les había contado a sus padres que el sol era muchas veces mayor que la tierra, que las estrellas eran tan grandes como nuestra tierra y que algunas de ellas eran incluso más grandes que el sol, pero que parecían tan pequeñas porque estaban arriba, muy arriba y muy lejos de nosotros. Me llamó tanto la atención todo esto que no pegué ojo en toda la noche de lo mucho que me había impresionado, y a la mañana siguiente, nada más salir el sol, me fui a ver a aquel maestro. El maestro me recibió y, cuando le dije a qué venía, empezó en seguida a hablarme de la tierra, del sol, de las estrellas y de muchas otras cosas semejantes.

Recuerdo, como si fuera ahora mismo, cómo lo escuchaba conteniendo la respiración, a la vez que se me caían unas lágrimas llenas de alegría y entusiasmo. Me parecía que me estaba enseñando un cuadro apasionante que jamás había visto hasta ese preciso momento.

Lo estuve escuchando durante mucho rato. Cuando terminó de describir la naturaleza y después de preguntarme de quién era y cuántos años tenía, impresionado aún por sus relatos volví al huerto donde crece el cáñamo, caminé adentrándome profundamente en él, me puse de rodillas y empecé a rezar a Dios. No recuerdo ahora lo que le pedí en aquel momento, pero de lo poco que recuerdo sé que algo le pedí. Recé con tanto fervor y con tantas lágrimas que se me inflamó la cara y los ojos se me quedaron rojos por la sangre. Poco después me puse malo y estuve varios días en cama. Pasada esta enfermedad, mi madre me empezó a mirar con cierta aprensión.

No sé cuanto tiempo transcurrió desde que sucedieron estas cosas hasta que aprendí a orar. Mi primera oración fue el Padrenuestro, luego el Ave María, luego «Es justo y necesario» y algunas otras.

La verdad es que desde niño, y no sé por qué, siempre he preferido rezar espontáneamente sin seguir normas fijas. Y todavía lo sigo haciendo. En el pueblo donde nací había campesinos muy religiosos y mi madre me llevaba muchas veces a sus casas. Estos campesinos hicieron mucho bien a mi alma de niño, pero lo que más inflamaba mi espíritu eran los bosques, los campos, el sol y las estrellas del cielo. Jamás olvidaré con qué sensación de éxtasis miraba el sol o la Vía Láctea poblada por astros celestes.

A partir de los siete años me iba de casa, incluso más a menudo que antes, a andar por el campo. Muchas veces iba con mi padre, con mi tío o con los jornaleros. Allí la naturaleza me atraía con más fuerza.

Había noches en que todo dormía un sueño profundo a mi alrededor. Sólo yo velaba, embriagándome hasta llorar, contemplando la belleza y la armonía de las estrellas. Pero lo que más me maravilla es que desde tan pequeño me haya sentido tan atraído por la oración. Puede que la naturaleza me engañara con su esplendor, puede que llenara de devoción mi corazón y mi espíritu, pero todo eso me parecía poco, porque en lo más profundo de mi alma había un rincón que sólo la oración podía llenar. Y no una oración de Iglesia, ni una de esas que se repiten de memoria, sino una oración solitaria, una plegaria infantil, una oración como de un amigo de Dios. Una vez oí decir, y no recuerdo a quién, que el día de Pentecostés, en Jerusalén, los discípulos recibieron del cielo como unas lenguas de fuego, y ellos, que no tenían ni idea de hablar en lenguas extranjeras, en cuanto recibieron esas lenguas de fuego empezaron a hablar inmediatamente en varias de ellas. Me quedé tan impresionado, que antes de salir el sol me puse en marcha hacia Jerusalén.

Sólo había andado unas cinco *verstas*[1] cuando me encontré con una mujer, que llevaba un niño en brazos. Me preguntó:

—¿Adónde vas, granujilla?

Me detuve y, en vez de responder a sus preguntas, le dije que dónde estaba Jerusalén y que por dónde llegaría más pronto. La mujer me respondió:

—He oído que Jerusalén está por donde se pone el sol.

La saludé y fui en esa dirección. Iba casi siempre a campo abierto, pero llegué a un bosque. Ese día diluvió por la tarde y hubo algunos truenos. Entonces me salí del camino y me refugié detrás de unas matas. Se hizo de noche. No tenía pan y me moría de hambre. A la mañana siguiente me levanté y reanudé mi marcha hacia Jerusalén. No había hecho más que entrar en el bosque, cuando oí que alguien gritaba detrás de mí:

—Párate, ¿adónde diablos vas tan corriendo?

Miré atrás de reojo y me quedé de piedra: era mi padre. Montaba un caballo blanco y se dirigió hacia mí con un látigo en su mano derecha. Cuando llegó junto a mí, se bajó del caballo, se puso a fumar *machorka*[2], me

---

1. Medida itineraria utilizada antiguamente en Rusia, que equivale a 1.067 metros.
2. Tabaco fuerte de poca calidad.

hizo subir al caballo, se montó también él y poco a poco volvimos a casa. Llegamos esa misma tarde. Mi mamá salió a nuestro encuentro con los ojos llenos de lágrimas. Mi padre ató el caballo a la valla, entró en la *izbá* con el látigo en la mano y le dio tal repaso a mi cuerpo que estuve dos semanas que no podía mirar ni para un lado ni para otro.

Aquel año aprendí a leer y a escribir. El primer maestro que tuve fue un vecino nuestro, un campesino con una fe enorme que se llamaba Sergej Timofeevic Timoskin. No me iba bien en los estudios, quizás porque me absorbía demasiado la hermosura de la naturaleza. Empecé a leer los Salmos, el Evangelio y otros libros.

A los ocho años empecé a ir a la escuela, pero me parecía estar en una cárcel. Yo era un poco salvaje y allí me encontré con otros granujillas como yo. En aquella escuela lo único que oía eran gritos, murmullos y palabras incomprensibles. Todos gritaban, todos se movían, de manera que me sentía muy solo aunque estaba entre muchachos de mi edad.

Asistí a la escuela dos años. En aquel tiempo me fascinaban las vidas de los santos. Los que más me impresionaban eran los mártires y los eremitas. Y, mira por dónde, pensaba mucho en Orígenes[3] y curiosamente sin

---

3. Escritor eclesiástico del siglo II. En Alejandría, su ciudad natal, fundó y dirigió el *Didaskaleion*, una escuela superior de teología que floreció hasta finales del siglo IV. Tuvo muchos discípulos, atraídos por su enseñanza y por la radicalidad de su vida cristiana. Eusebio de Cesarea escribe de él: «Dedicaba toda la jornada a los grandes trabajos de la ascesis y pasaba casi toda la noche estudiando las sagradas Escrituras. Y para endurecerse cada día más en el vigor de esta vida altamente filosófica, ayunaba y dormía pocas horas, no en la cama, sino normalmente en el suelo. Estaba convencido de que se debían observar sobre todo las palabras evangélicas del Señor que nos exhorta a no tener dos túnicas, a no llevar sandalias y a no preocuparse por el futuro. Soportó el frío y la desnudez con un valor impropio de su edad y llegó a vivir la pobreza más heroica. Se dice que anduvo muchos años sin usar calzado y que se abstuvo

saber por qué. La verdad es que no recuerdo por qué Orígenes quedó tan grabado en mi memoria de niño. Pues en ese tiempo veía a Orígenes hasta en sueños. Se me aparecía con las alforjas en los hombros, con una cara alargada sin barba, descalzo y con un bastón en la mano.

Por aquel entonces venían a menudo a nuestra casa monjes y monjas de distintos monasterios, que iban a pedir limosna. Y también solía venir, aunque con menos frecuencia, un campesino de nuestro pueblo, que hacía durante algún tiempo de *jurodivij* y un poco después volvía a convertirse en una persona normal. Este campesino medio *jurodivij* empezó a influir poderosamente en mí, porque me caía muy simpático por su fuerte personalidad.

Una tarde de verano regresaba a casa con mi ganado. Entré a la *izbá* y vi a nuestro *jurodivij*. Lo saludé. Él se acercó a mí y me dijo:

—Vamos al monasterio a orar.

Le respondí que sí. Al día siguiente salimos muy temprano y ese mismo día por la tarde ya estábamos en la iglesia del monasterio. Tengo que decir que el monasterio no me causó ninguna impresión especial, pero el bosque que lo rodeaba produjo en mí una profunda emoción. El *higúmeno*[4] me insistió en que me quedara en el monasterio y así lo hice. El primer cargo que me encomendaron fue el de sacristán, y lo cumplí con mucho ce-

---

durante mucho tiempo del vino y de todo lo que no era indispensable para vivir, de manera que estuvo a punto de acabar con su estómago. Debido a estos ejemplos de vida filosófica era natural que atrajese a un gran número de discípulos, que rivalizaban con él» (*Historia eclesiástica* VI, 3, 3-13). Excomulgado por el obispo de Alejandría, Orígenes se retiró a Cesarea de Palestina, y allí abrió otra escuela teológica, donde volvió a hacer exégesis de la Escritura, a enseñar y a predicar. Durante la persecución de Decio (250) fue detenido y murió a consecuencia de las torturas a que le sometieron por no querer renegar de la fe cristiana.

4. Superior del monasterio.

lo. Pero aunque todos los días estaba en la iglesia, para encontrar la paz me iba al bosque a orar. Y así pasé dos años en este monasterio.

La tarde de uno de los últimos días de mi estancia en el monasterio, mientras estaba en el refectorio, oí leer la vida del beato Stepan de Perm[5]. Cuando el lector empezó a leer el relato de su vida misionera, vi cómo brotaba en mi corazón el deseo de ser misionero. Después de cenar me retiré a mi celda. No era capaz de dormir porque no me venía el sueño. Entonces salí de mi celda, me fui al jardín y oré ardientemente. No sé si pedí algo a Dios o me limité a desfogar mis sentimientos ante Él.

Al llegar la mañana no volví en seguida a mi celda, sino que entré en la iglesia. Me es muy difícil recordar lo que me sucedió. Lo único que sé es que me fui del monasterio descalzo, con la cabeza descubierta y vestido sólo con una túnica. Y volví a mi casa.

Mis padres me recibieron con cierta sorpresa. No entendían en absoluto por qué volvía a casa de esa manera, descalzo y sin nada en la cabeza. Dos días después de mi fuga del monasterio, los superiores supieron que estaba en casa de mis padres. El *higúmeno* mandó varias veces a buscarme, pero me negué a volver, aunque sin un motivo concreto.

En casa volví a comportarme como antes de marcharme al monasterio. En cuanto podía, salía del pueblo y me iba al campo, sobre todo cuando empezaba a despuntar el trigo. Dios mío, ¡qué feliz era entonces! Me parecía que todas las hierbas, todas las flores, todas las

---

5. Considerado el mayor misionero de la Iglesia rusa. Nació hacia 1340-1345 en Velikij Ustjug, en la región al este de los Urales. Ingresó en el monasterio de San Gregorio el Teólogo, en Rostov. Inventó un alfabeto para traducir los libros litúrgicos y parte de las Escrituras a la lengua de los zyrjanos, la población local. También se preocupó de formar al clero que iba a estar al servicio de este pueblo.

espigas de centeno susurraban palabras misteriosas sobre una realidad divina cercana, muy cercana al hombre, a los animales, a las hierbas, a las flores, a los árboles, a la tierra, al sol, a las estrellas y a todo el universo.

Así, embriagado, andaba y andaba por los campos de cereales y allí me entregaba a una extraña oración. Unas veces lloraba, otras reía, otras gritaba salvajemente al cielo o yacía boca arriba conteniendo la respiración y esperando el último instante de mi vida. De tanto en tanto, cuando araba, cuando trabajaba la tierra, sobre todo por la mañana, al salir el sol y al canto de las alondras, me invadía una especie de ebriedad espiritual.

Simeón, el peregrino

Vivía entonces en nuestro pueblo un campesino que se llamaba Simeón Samsonovič. Cuando Simeón se encontraba con alguien, se adelantaba a quitarse el gorro, se inclinaba sobre la tierra y lo saludaba así:

–Siervo de Dios, el reino de los cielos esté contigo.

Simeón vivía pobremente. Cuando casó a su hija, sólo ofreció a sus invitados pan y, en vez de vodka, agua santa del Jordán. Nunca ofendía a nadie, y si alguien lo injuriaba o le dirigía palabras ofensivas, él le respondía:

–Siervo de Dios, el reino de los cielos esté contigo.

Le fui tratando y empezamos a tener una profunda relación entre los dos. Un día vino a nuestra *izbá*, charlamos de muchas cosas y al final me dijo:

–Siervo de Dios, vayamos a Tichon de Zadonsk[6], vayamos a suplicarle. Puede que te muestre el camino.

---

6. Nació en 1724 en el distrito de Novgorod. Siendo monje fue ordenado por el obispo de Veronez, donde permaneció cuatro años dedicándose a la reforma y a la instrucción del clero. Defendió a los pobres,

Mis padres me dejaron que fuera con él y dos días después partimos al encuentro de Tichon de Zadonsk. Estábamos en cuaresma. Caminamos durante cuatro días. En el monasterio de Zadonsk nos confesamos y recibimos la santa comunión. En este monasterio vivía un *hieromonje*[7], un tal Iosif, que poseía el don del discernimiento. Fui a verle. Recibió muy amablemente a Simeón, y a mí me dijo que dentro de un año iría al monte Athos.

Volvimos a casa. Una semana después, Simeón se fue de incógnito en peregrinación a Kiev sin decir nada a su mujer. Era ya la undécima vez que iba de peregrinación a Kiev de esta manera. En su vida le habían pasado cosas muy curiosas. Algunas veces alguien le prestaba un caballo y un arado para que pudiera arar su *desjatina*[8] de tierra, pero si Simeón veía a algunas mujeres ancianas que iban juntas en peregrinación, las paraba y les preguntaba adónde iban. Y cuando oía que iban a Kiev, al padre Ion, abandonaba inmediatamente el caballo que le habían prestado y, sin pararse ni siquiera a recoger su alforja, se iba con ellas a Kiev.

¡Qué cristiano tan maravilloso y extraordinario era Simeón Samsonovič! Al día siguiente de volver esta vez de Kiev, vino a verme y pasamos todo el día en coloquios espirituales. Me contaba muchas cosas hermosas e instructivas de su vida pasada. Le gustaba hablar del apóstol Pablo, del que decía que era el más grande de todos los santos y que amaba a Jesucristo más que los demás apóstoles. Simeón y yo nos íbamos muchas veces al campo y pasábamos el tiempo hablando de cosas espirituales. Si-

---

que le veneraron como padre e intercesor. Al caer enfermo por el trabajo y los problemas de su ministerio, se retiró a la vida eremítica en Zadonsk. Mucha gente de distinta condición y edad venía de todas partes para pedirle consejo y ayuda. Escribió obras que lo hicieron muy popular.

7. Monje que ha recibido la ordenación sacerdotal.
8. Antigua medida agraria rusa equivalente a 1,0925 hectáreas.

meón sentía un afecto especial por mí. Y a mí, lo que más me fascinaba de él era el equilibrio de su vida espiritual, una cualidad que me conquistó completamente.

Además de Simeón, tenía otro amigo: Ignatij Iakimočkin, un hombre también de fe, pero no tanto como Simeón. Había por otra parte una tercera persona que se interesaba por mí, pero que en las conversaciones espirituales era muy inferior a Simeón. Yo iba a verles a menudo y también ellos venían a verme, pero mi alma permanecía cerrada ante ellos.

Aquel año me pasó algo extraño: me enamoré de una joven muchacha, pero con un afecto puro. Era algo nuevo, desconocido hasta entonces. Tenía trece años. Además, por mi cabeza pasaban pensamientos sacrílegos. Todo esto me sucedió durante el mismo año de mi vida. El amor a la muchacha no pudo durar mucho en mi alma. Se apagó pronto, pero los pensamientos sacrílegos me atormentaron profundamente. Me hicieron perder el apetito y el sueño. Empecé a ir peor, y no de día en día, sino de hora en hora, y al final me puse enfermo. Llegó la cuaresma. A causa de estos pensamientos no me atrevía a acercarme a los sacramentos y tampoco a comulgar. Llegó la fiesta de Pascua. El segundo día de pascua vino a verme mi amigo Simeón y me dijo:

–¡Siervo de Dios Jagorij, Cristo ha resucitado! ¡Que el reino de Dios esté contigo!

Yo le respondí:

–¡Verdaderamente ha resucitado!

–Entonces, ¿qué haces enfermo en la cama? Vayamos a Kiev a los santos siervos de Dios, que esperan nuestra visita.

–Vamos, le respondí.

Mi madre se echó a llorar. Mi padre no estaba ese día en casa.

–Pelageja, sierva de Dios –le dijo Simeón Samsonovič a mi madre–, ¿dejas que tu hijo vaya conmigo a Kiev, a visitar a los santos siervos de Cristo?, ¿por qué lloras? Deberías alegrarte de que tu hijo vaya en peregrinación a Kiev.

–No tengo nada en contra, ¡Pero Jagorij es tan extraño! ¿Qué le sucederá? Se irá a algún sitio lejos de nosotros y entonces no nos quedará sino llorar eternamente. Lo decidiremos cuando vuelva su padre.

Pero Simeón volvió a la carga:

–Pelageja, sierva de Dios, nuestro único Padre es Dios, y debemos servirle sólo a Él, y hacerlo sin titubear lo más mínimo.

Una o dos horas después llegó mi padre a casa. Estaba borracho. Mi madre le dijo que quería irme en peregrinación a Kiev con Simeón y que para ello era necesario que me consiguiese el pasaporte. Mi padre pensó un poco, y luego se volvió hacia mí y me dijo:

–¡No sé qué será de ti! Algunos te estiman mucho, otros piensan que eres tonto, que estás un poco loco. La verdad es que no sé qué hacer contigo. ¡Hay que ver las veces que te he pegado, que te he dejado sin comer, que te he castigado, y sigues comportándote como te parece! Que no, que no sé qué hacer contigo. ¿Quieres irte a Kiev? Pues vete de una vez.

Me puse muy contento y dos días después me dirigí con Simeón hacia Kiev. Debo decir que Simeón Samsonovi? iba a Kiev sin alforjas ni bastón, y eso que ya andaba por los sesenta años.

El primer día hablamos poco. Noté que ese día Simeón tenía algo que le pesaba en el corazón, pero al día siguiente ya estaba alegre. Y me dijo:

–Siervo de Dios, ¿cuántos años tienes?

–Catorce, le respondí.

Y él continuó:

—Los años pasan, la vida se acorta día tras día, no nos damos cuenta de lo rápido que viene el fin de nuestra vida terrena, y cuando queremos hacerlo ya está ahí el juicio de Dios. Se lo he oído decir a campesinos instruidos que leían el santo Evangelio, donde se dice que los justos resplandecerán en el Reino como el sol. Querido mío, ¿acaso podemos imaginarnos cuál será su alegría? Estaría dispuesto en esta vida a comer tierra, a darme en comida a los gusanos y a vivir como una bestia de carga o como un perro inmundo con tal de estar un día entre esos justos. La gente no entiende estas cosas. También he oído decir que los pecadores serán atormentados en el fuego eterno. Pero, por muy terrible que sean estos sufrimientos, no son el peor castigo. El peor castigo es que Dios les dará siempre la espalda a los pecadores.

Simeón se puso a llorar.

—No temo tanto los sufrimientos como ese castigo tan grave en el que Dios privará a los pecadores de su misericordia. Cuando pienso en eso, me entra un miedo terrible. Estoy dispuesto a orar a Dios no sólo por todos los cristianos, sino también por los que no están bautizados. Siento compasión por todos ellos: por los judíos, por los tártaros, por los ahorcados, por los suicidas. Tengo piedad de los niños que han muerto sin bautizar, de todos los muertos. ¡Hasta el mismísimo diablo me da pena! He aquí, siervo de Dios, lo que siento en mi corazón. No sé si estará bien o mal, pero es lo que siento en mi corazón.

Las palabras de Simeón me turbaron profundamente. Sentía como si mi alma se volviera más ligera y luminosa y lloraba de vez en cuando. Mi corazón se llenaba de una alegría maravillosa e irreprimible.

—Simeón Samsonovič –le pregunté al final–, ¿cómo debo vivir para agradar a Dios?

–Creo que si vives como ahora, si sigues viviendo así toda la vida, te salvarás, me respondió Simeón.

–Mira, *batjuska*[9] Simeón, yo no deseo nada de Dios, no deseo ni siquiera ser tan justo que resplandezca como el sol. Lo único que quiero es amarlo con todo mi ser, de manera que nadie lo pueda amar más que yo. Quisiera olvidarme de todo, olvidar a mis padres, olvidar mi casa, olvidar al resto del mundo, incluso olvidarme de mí mismo y transformarme sólo en amor a Él. Renuncio también al reino de Dios, a ver a Cristo en el más allá, a ser un hombre. Me conformo con convertirme en puro amor a Él. Simeón Samsonovič, oré una vez en medio de los campos y por poco esa oración no me hizo morir. Me latía el corazón, sudaba por todos los poros de mi cuerpo, me derrumbé en la tierra. En ese momento ya no era yo, sólo era amor que ardía como el fuego. ¡Sí, querría ser ese amor! No pido a Dios sino ser ese único amor a Él, querría amar tanto a Dios que me consumiera en ese amor, que me abrasara de amor y que no fuera más que eterno amor a Dios.

Simeón Samsonovič me escuchaba. Luego empezó a ponerse el sol, se hizo de noche y pedimos a un campesino, no recuerdo de qué aldea, que nos dejara pasar la noche en su casa. El campesino nos acogió cordialmente y nos dio de cenar. Pero estábamos tan impresionados por la conversación que habíamos mantenido durante el día, que casi no pudimos pegar ojo. Mas, al final, vencidos por el sueño, dormimos profundamente.

Batjuska Simeón se levantó temprano y me despertó también a mí. El dueño de la casa nos ofreció leche y huevos y seguimos nuestro camino. Simeón recordó la

---

9. *Batjuska* es un diminutivo cariñoso y de respeto. En ruso significa padrecito, y se utiliza para dirigirse a personas profundamente religiosas.

conversación de la tarde anterior y empezó a hablar en el mismo tono.

–Siervo de Dios Jagorij, escucha. Ayer tarde hablaste del amor a Dios y me gustó mucho lo que dijiste. Si le pides a Dios ese amor, como es omnipotente, podrá concederte ese don. Sólo tienes que pedírselo. ¿Ya has tenido visiones?

–No, le respondí.

–Pues muchos santos las han tenido, dijo Simeón.

–*Batjuska*, yo no necesito nada. Lo único que quiero es convertirme totalmente en amor, en puro amor de Dios. Lo que más me atrae de ese amor es que parece que Dios ama más a las criaturas que a sí mismo. Cuando pienso en tantas estrellas como hay en el cielo y que es posible que viva alguien en ellas, y cuando miro a la tierra, donde todo es frondoso, donde todo florece, donde los pájaros cantan alegres, donde susurran los grillos del campo, vaya, ¿cómo puedo no amarlo? He aquí por qué quisiera convertirme totalmente en amor a Dios.

–Sí, pequeño mío, para amar a Dios es preciso negarse a sí mismo. Se dice que en el monte Athos hay grandes santos de Dios. ¡Ojalá Dios nos llevara allí alguna vez! ¡Entonces ya nos podríamos morir!

Yo me agarré inmediatamente a estas palabras. Hubiera querido saber con detalle dónde estaba ese monte, pero no podía preguntárselo, no podía porque aún no había captado bien el sentido de sus palabras. Pensaba sobre todo en el amor de Dios. Después de unos discursos tan dulces, mi corazón de niño se encendía cada vez más de un profundo amor hacia Dios.

Era alrededor de mediodía. Simeón estaba pensativo. Atravesábamos un bosque. Simeón me miró, suspiró y dijo:

–Estoy cansado, parémonos y sentémonos un poco.

Dejamos el sendero y nos sentamos bajo una encina.

–Jagorij, oremos al Señor Dios, nuestro Padre, me dijo Simeón.

Él oró estando de pie y yo me puse de rodillas. Y cuando luego empezó a cantar con su voz de viejo el Padrenuestro y se arrodilló, mi corazón ardió de golpe con ese amor extraordinario que había sentido por primera vez en medio del campo. Las lágrimas inundaron mis ojos, sudaba por todos los costados, y no logré ocultar a Simeón el estado en que me encontraba. Cuanto más se alargaba el canto de Simeón, tanto más se llenaba mi alma de un ardiente e inefable amor a Dios. Me hubiera gustado abrasarme de amor, convertirme en una dulce llama de amor a Dios. Hubiera querido no ser sino puro amor a mi Creador. Cuando Simeón terminó de cantar el Padrenuestro, yo estaba en tierra agotado, consumido por el fuego que ardía en mi corazón. Una hora después nos levantamos y proseguimos nuestro camino.

Caminábamos en silencio, pero nuestras almas estaban en paz. El sol se hallaba a punto de ponerse, pero la aldea más próxima aún quedaba lejos.

–Simeón Samsonovič –le dije–, ayer hablaste del monte Athos. Si sabes algo de él, dímelo.

Y Simeón empezó a decir:

–En el monte Athos viven algunos santos, siervos elegidos por Jesucristo. Algunos han visto a la Madre de Dios, otros la ven antes de morir y hablan con ella. Me lo han contado varios que han estado en ese monte santo. ¡Querido mío, deberías ir allí! Y creo que irás.

–*Batjuska*, mi pasaporte sólo dura tres meses, y además, de dinero sólo tengo un rublo, respondí.

–Querido mío, si Dios lo quiere, te dará todo e irás al monte Athos. ¿Recuerdas lo que te dijo el padre Iosif en Zadonsk? Te predijo que irías al monte Athos. El Athos te ha sido dado en suerte por la Madre de Dios. Mi corazón me dice que irás al monte Athos, y que irás en seguida.

No pude seguir escuchándolo. Me postré a sus pies y le supliqué ardientemente que orara por mí a la Reina de los cielos. Al verme a sus pies, Simeón se echó a llorar como un niño, me hizo levantar y me dijo:

—Creo que este año irás al monte Athos, aunque después volverás a Rusia.

Entramos en una aldea para pasar allí la noche. A la mañana siguiente, reemprendimos el camino muy temprano. ¡Qué extraordinario! ¡Cuanto más avanzábamos en nuestro viaje, más me encandilaba la creación del Dios viviente!

Cada hombre, cada animal, los escarabajos, los grillos, las flores, cada hilo de hierba me eran tan próximos y queridos, que los besaba como si fueran verdaderos hermanos y hermanas. ¡Qué contento estaba!

Pero Simeón se puso enfermo durante el viaje. Me dio mucha pena. Le di leche y pedí a un campesino que le preparara un baño caliente. El campesino me escuchó y nos dejó un baño que yo mismo preparé llenándolo de agua caliente. Luego llevé a Simeón, lo bañé, hice que sudara porque le convenía, y al día siguiente se encontraba totalmente curado.

Y así caminamos hasta Kiev. Todos los días orábamos a Dios en medio de los campos, todos los días hablábamos de Dios y del reino de los cielos. Nuestros corazones eran livianos. Nos sentíamos señores y reyes de la tierra. Toda la naturaleza parecía alegrarse con nosotros. Yo era particularmente feliz cuando atravesábamos campos y bosques. Las alondras, los ruiseñores, los tordos, los jilgueros, las grullas, todos los pájaros, los animales, los árboles, las hierbas, y de noche las estrellas del cielo mantenían despierta mi alma. Caminamos así durante veinte días.

El día veintiuno entramos en Kiev. Me impresionó profundamente el canto que venía de la Lavra[10]. Me parecía que si el diablo echara una ojeada, aunque sólo fuera una vez, a la iglesia de la Dormición de la Lavra, se convertiría al oír ese canto.

En la Lavra sólo estuve algunos días. Mi Simeón visitó todos los lugares santos de Kiev, luego me saludó y emprendió el viaje de vuelta a casa. Yo me quedé algunos días en la Lavra, oré fervorosamente al Señor Dios y decidí ir a pie a Odessa y, desde allí, al monte Athos.

En marcha hacia el monte Athos

Esto sucedió a principios de junio. Caminaba casi siempre por la vía del tren porque tenía miedo de perderme. Iba solo. Tengo que confesar que de Kiev a Odessa me sentía aún más inmerso en el profundo e infinito océano del amor de Dios hacia mí, y es preciso decir también que el amor de Dios a nosotros se ve en el amor que nuestro corazón siente por Dios. ¡Qué hermoso es amar a Dios! Jamás olvidaré estos días dorados de mi existencia. Al alba, antes incluso de salir el sol, me ponía en camino. ¡Qué dulzura sentía en mi corazón! El trigo, la avena y el centeno ondean como olas del mar. Cantan las alondras, las golondrinas vuelan como fue-

---

10. La Lavra de Pečersk, en Kiev, fundada por san Antonij y san Feodosij Pečersskij, es el primer monasterio ruso, la cuna de la vida espiritual rusa. De ella partieron los primeros misioneros para las florestas vírgenes septentrionales y para las estepas meridionales. Arrasada varias veces por los tártaros en 1240, 1299 y 1316, fue reconstruida tras cada destrucción. Durante siglos fue un centro religioso y cultural, así como meta de grandes peregrinaciones.

gos artificiales a tu alrededor y tú caminas como un señor, paso a paso sobre esa estupenda alfombra de mil colores que se extiende ante ti, tejida con bellísimas hierbas suaves y perfumadas. ¡Qué admirables son las obras de Dios! Eran días y noches en que me moría de amor a Dios. Sí, así, literalmente. Toda mi alma y todo mi ser eran devorados por la llama del amor a mi Señor. La palabra «Cristo» y la palabra «Dios» bastaban para transfigurarme de inmediato. Llevaba conmigo un Evangelio en ruso y todos los días me sentaba en un sitio en medio de los campos de trigo, en la arena o en los altozanos cubiertos de verde y me ponía a leer fervorosamente el libro divino.

Cuando leía ese libro mi estado de ánimo se exaltaba tanto que cerraba el Evangelio y me ponía a orar. ¡Y qué cerca sentía entonces a Cristo! Lo sentía dentro de mí, lo sentía en todas las criaturas. Era como si todo me dijera: «Cristo está en mí». Así hablaban los campos, los bosques, las hierbas, las flores, las piedras, los ríos, las montañas, los valles y toda la creación. Todo era templo de Dios, todo su morada. No había nada ni pequeño ni grande, ni puro ni impuro, donde yo no viera la presencia de mi Señor. Me parecía que el único sitio donde no estaba Cristo era en el pecado, y que toda la creación y todo el universo eran templo y morada de Dios. Había días en que el fuerte amor a Dios me quitaba el apetito y no quería comer ni beber. Un día, cuando atravesaba un bosque, vi de repente una cabra salvaje con un pequeño cabritillo. No puede seguir adelante porque no me tenía sobre mis piernas. A duras penas pude dejar el sendero, me puse de rodillas y una vez más brotó de mi corazón una oración a Dios. Me quedé allí algunas horas.

Aquellos días de mi viaje a Odessa fueron los más solemnes de mi vida. Las noches eran luminosas. Más de una vez me pasé toda la noche en éxtasis. Dormía casi siempre en el campo. Pero un día, no sé en qué pequeña aldea, me tropecé con la policía. El comisario me preguntó de dónde era y de dónde venía y, además, quiso ver mi pasaporte. Cuando se enteró de que iba a pie al monte Athos, se moría de risa, pero luego me llevó a su casa. Aquí me volvió a preguntar y yo le respondí lo mismo. Ahora ya no se rió. Me ofreció té, me dio veinte kopecs y me fui para seguir mi camino. Recuerdo que desde ese día hasta que llegué a Odessa no volví a dormir ni una sola noche bajo techo, siempre dormía en el campo. Tengo que decir que aquellos días trataba de evitar a la gente y no sé por qué. Durante dos o tres jornadas seguidas no comí nada, pero me sentía muy bien y muy fuerte.

Quince días después llegué, por fin, a Odessa. Nada más acercarme a la ciudad y ver el mar –nunca lo había visto–, mi alma se volvió a inundar de una fuente de alegría desbordante. Miraba este mar con lágrimas en los ojos y repetía en voz baja:

–Señor, tú que todo lo puedes, llévame al Athos.

Al entrar en Odessa pregunté dónde estaba el monasterio de san Panteleimon y me lo indicaron.

Cuando llegué a la calle donde estaba el monasterio, un ladronzuelo se dio cuenta de que era un chaval de pueblo y me quitó mi abrigo de piel, que era lo último que me quedaba. Luego se dio a la fuga. No dije nada, aunque no me hizo ninguna gracia.

Llegué al monasterio. Los monjes, al verme tan joven y tan ingenuo, se interesaron por mí y me preguntaron muchas cosas. Cuando supieron que quería ir al Athos, algunos se burlaron y otros me miraban como se mira a un muchachito algo raro. Sólo uno me acarició, me habló en serio y me dijo que, aunque tuviera dinero y papeles, no me podrían acoger en el Athos porque era muy joven y porque había huido de casa. Estas palabras del monje me fulminaron como un rayo. Me eché a llorar. Llegó la noche. La desesperación no me dejaba comer ni beber. Cuando todos los peregrinos se fueron a dormir, salí de allí y empecé a volcar toda mi tristeza en la oración. Al alba fui a la sala donde se me había asignado un sitio con los demás peregrinos y me acosté. En sueños vi la imagen del santo mártir Panteleimon[11].

A la mañana siguiente me levanté y recorrí la ciudad en busca de trabajo. Todas las personas a las que me dirigía se reían de mí y las lágrimas regaban mi rostro. No recuerdo ya en qué calle se me acercó un señor bastante bien vestido que, al verme llorar desconsoladamente, me preguntó:

–¿Por qué lloras, muchacho?

Le conté todo con pelos y señales: cómo me había alejado de mis padres y cómo había llegado hasta allí. Y también le dije que quería ir al Athos. Me escuchó y luego me llevó a su casa, se sentó en su escritorio, escribió para mí una recomendación para el gobernador de la ciudad de Zelenij y me invitó a tomar mis documentos, a ponerlos en esta solicitud y a ir inmediatamente a ver al gobernador de la ciudad. Y así lo hice.

Llegué hasta el gobernador. Pero, en cuanto me vio, se echó a reir. Luego cogió la recomendación y se puso a leerla. A continuación mandó que llamaran por teléfono al prior de la iglesia sufragánea de san Panteleimon.

---

11. Médico taumaturgo natural de Nicomedia en Bitinia. Martirizado en tiempo de Maximino Galerio, oró pidiendo perdón por sus pecados y por los de sus verdugos. Entonces una voz del cielo declaró que su nombre ya no era Pantaleón, sino Panteleimon (= el que tiene piedad de todos).

Cuando llegó el prior me presentó a él y lo invitó a mandarme al santo Athos a costa del monasterio. ¡Dios mío, qué alegría más grande inundó mi corazón! No sabía cómo dar gracias al Señor por la enorme gracia que me hacía. Todos los peregrinos vinieron uno a uno a preguntarme y casi todos se quedaban admirados al ver cómo la Providencia divina había cumplido mis deseos.

Al día siguiente embarqué, junto con los peregrinos, en un barco hacia Constantinopla. El mar no me impresionó demasiado. Pero el tercer día, muy temprano, divisé una ciudad de belleza incomparable. Era Constantinopla. Me impresionó sobre todo por su situación y por la enorme cantidad de minaretes. Aquí estuvimos alrededor de cinco días y logramos visitar casi todos los lugares santos. La iglesia de Santa Sofía me impresionó muchísimo. Algo inolvidable. Lloré, pero mis lágrimas no eran lágrimas de opresión ni de miedo ante la grandeza de este templo del Señor. No lamenté, como hace mucha gente, que este templo fuera ahora una mezquita, sino que lo acepté en mi corazón, porque sé que una mezquita es también un templo de Dios. Luego visité los monasterios turcos, donde los derviches[12] bailan una extraña danza girando sobre sí mismos...

Por fin llegó el día de partir de Constantinopla para el santo Athos. Viajamos durante algunos días. Cuando ya estábamos cerca, no fui capaz de mirar sereno este lugar sagrado. Me temblaban las piernas, el corazón me latía...

–Dios mío –me decía–, aquí es donde viven los santos. Aquí es donde la Reina celestial se aparece a sus justos, he aquí donde reposa la gracia de Dios.

---

12. Se denomina así a los miembros de una confraternidad musulmana. Los derviches viven como eremitas o como peregrinos mendicantes. El pueblo los venera como santos adivinos y taumaturgos.

Los monjes de Athos subieron a nuestro bote, nos invitaron a estar con ellos y con los demás peregrinos me dirigí al monasterio de san Panteleimon. Este monasterio no me gustó lo más mínimo. Los monjes eran más bien fríos en su relación y ese comportamiento me decepcionó. Por eso dejé este monasterio y me fui al de san Andrej, que me gustó muchísimo.

La verdad es que no sé por qué razón los monjes de san Andrej se preocuparon por mí, sobre todo el hieromonje Martinian y luego también Ezequiel, Bernabé y hasta el mismo prior, el gran Teoksit. Era este el monje más santo del monasterio, extraordinariamente manso y humilde de corazón. Después de él no volvió a haber ningún monje tan humilde en la comunidad. Él fue el que me acogió en su monasterio. Tampoco sé por qué me llamaban «el japonés», pero creo que me pusieron ese nombre tan extraño porque mis labios son un poco gruesos.

Cuando por fin era ya novicio de este monasterio y cumplía con mis tareas en el coro, mi vida empezó a llenarse de algo luminoso, de bueno y de santo. Todos los días iba a visitar al padre Martinian y le abría mi corazón hablándole de todos mis pensamientos y sentimientos. Mi oración era entonces muy fuerte. Se puede decir que progresaba día a día, y mi corazón se dilataba y se abría al amor. Poco después tuve anginas y, mientras estuve enfermo, el propio prior, padre Teoksit, venía a verme todos los días. Al cabo de quince días me puse bueno y poco después me enviaron a Constantinopla, donde trabajé de cocinero durante algún tiempo y donde aprendí el griego.

En Constantinopla, los monjes también me querían mucho. Iba a menudo a visitar los distintos lugares santos. En una ocasión fui a Santa Sofía y me encontré con un grupo de *mullah* que inmediatamente se acercaron a mí. Dos de ellos hablaban bien ruso. Empecé a conversar afectuosamente con ellos y me contaron que en ese templo resonaron una vez los discursos de Juan Crisóstomo[13]. Estas palabras de un *mullah* turco me impresionaron tanto que desde ese mismo momento me sentí llamado a predicar. Supliqué ardientemente al Señor Dios y a la Reina del cielo que me concedieran ser predicador. Desde ese momento me puse a estudiar la sagrada Escritura, los santos Padres y las obras de los Padres de la Iglesia. Los que más me gustaban eran Orígenes y san Basilio[14].

Pasé algunos años en Constantinopla. Luego regresé al monte Athos, donde me dediqué de nuevo a la vida ascética.

Una vez, en la vigilia de la fiesta de la santa Trinidad, después de haber estado mucho tiempo de pie du-

---

13. Padre de la Iglesia, nació en Antioquía de Siria, quizás en 344. Después de seis años de vida ascética en soledad, fue ordenado sacerdote y poco después obispo de Constantinopla. Se dedicó con gran celo al trabajo pastoral. La intransigencia con que denunció los abusos allí donde los veía, echando en cara a los ricos su ambición y su dureza de corazón, le procuraron la aversión de la alta sociedad, sobre todo de la emperatriz Eudoxia. Depuesto y condenado en 403, fue exiliado a Bitinia. El pueblo lo reclamó y regresó, pero se le volvió a exiliar y murió en Cumana de Capadocia en 407. Su producción literaria es muy grande; fue un gran predicador, por eso se le llamó Crisóstomo («boca de oro»).

14. Basilio el Grande, padre y doctor de la Iglesia, fundador de la vida cenobítica, nació en Cesarea de Capadocia en torno a 329 en una familia cristiana. Estudió en Cesarea, Constantinopla y Atenas. Hacia 355 viajó a Siria, Egipto, Palestina y Mesopotamia para conocer la vida monástica. Regresó a su patria y se retiró al Ponto, a Annesis en la orilla del Iris, donde fundó una comunidad monástica. En colaboración con Gregorio Nacianceno escribió la *Filocalia*, una antología de las obras de Orígenes. Ordenado sacerdote y luego obispo en 370. Combatió la herejía arriana. En Cesarea impulsó la construcción de un complejo de edificios para acoger a los peregrinos y socorrer a los pobres y enfermos. Durante su episcopado publicó obras de carácter ascético (*Reglas morales*, *Reglas difusas* y *Reglas breves*) «para proporcionar verdadera certeza sobre los deberes esenciales del cristiano» que quiera vivir según el Evangelio.

rante la función religiosa, me dormí y tuve un sueño verídico. Se me apareció un magnífico jardín adornado con parterres, que eran como una especie de olas que iban en filas unas tras otras. En ellas crecían flores admirables, y por medio de ellas iban un hombre y una mujer que se acercaban a cada flor, se inclinaban sobre ella y cantaban: «Paraíso mío, paraíso mío». Cuando me desperté, me di cuenta inmediatamente de que había estado en un lugar misterioso. Y debido a ello estuve tres días enteros sin comer ni beber, llorando sin cesar de alegría, de una alegría inmensa e íntima. El padre Martinian me vio en este estado y se alegró.

A pesar de mis deseos de vida ascética, mi estancia en el monte Athos chocaba con grandes escándalos, provocados por el hecho de que los monjes del Athos, en vez de temer al demonio, se hacían la guerra unos a otros por cuestiones nacionalistas. Para el pequeño ruso el gran ruso era Satanás, y para el gran ruso el pequeño ruso era un diablo. Además, y esto era aún peor, todos se dividían según las provincias y los distritos. Otro escándalo eran las iglesias sufragáneas construidas en las grandes ciudades, donde los monjes se perdían por completo. El tercer escándalo, y el más grave, era el dinero, el dinero, el dinero. No logré hablar francamente con los monjes ni una sola vez, pues siempre tenía que abandonar porque se enfadaban en seguida. Aquí no vi grandes santos. Si lograba hacer amistad con alguno, en seguida sufría una decepción porque veía que, a pesar de sus dones espirituales, no vivían según la ley del amor, algo evidente sobre todo en sus relaciones con los demás monjes.

Así pasé algún tiempo en el monte Athos. Después de esta estancia, mi superior decidió enviarme a Petroburgo, a la iglesia sufragánea. Aquí conocí por casualidad al viejo secretario del metropolita. Este me envió a su costa a Tomsk, en Siberia, con el obispo Makarij, y este me mandó al responsable de la misión en la región de Altai. Desde Petroburgo no me fui inmediatamente a Siberia, sino que antes fui a ver a mis padres. Luego volví a Petroburgo y sólo a continuación partí para Tomsk.

Vuelta al pueblo. El santo Maksim

Mis padres se alegraron muchísimo de mi vuelta a casa. Ya no sabían qué pensar de mí. Me dijeron que, cuando recibieron la primera carta que les mandé desde el monte Athos, no creían que estuviera allí. El sacerdote de nuestro pueblo tampoco lo creía. Pero Dios nos concedió la gracia de volvernos a ver. Mi madre tenía mucho interés en que fuera a ver al «tío Maksim» –llamaba así a un campesino que se tenía allí por santo–, pues poseía el don del discernimiento espiritual. Mucha gente iba a P. para verlo y él no aceptaba dinero de nadie. Yo acogí la propuesta de mi madre con cierta perplejidad, pero me interesaba el tema, y al día siguiente me fui a ver a este tío Maksim en compañía de un campesino. Apenas puse el pie en su pequeña *izbá*, presencié una escena extraordinaria. Maksim estaba arrodillado y gritaba con lo brazos alzados al cielo:

–¿Quién me manda este misionero de Siberia? ¡Dios mío, un misionero para Siberia! ¡Qué admirables son las obras del Señor! ¡Stepan de Perm[15] ha venido a verme! ¡Dios mío, sí, Stepan de Perm ha venido a verme!

Maksim se levantó, corrió hacia mí y me besó. Luego, como un *jurodivij*, salió velozmente de su *izbá* y co-

---

15. Puede verse la nota 4.

mo un gato subió a su desván, cogió un haz de palos, de matas cortadas, de ramas y troncos y los bajó a la *izbá*. A todo esto lo llamaba «cartas» y no sé por qué.

–Mira, estas son las cartas, se apresuró a decirme Maksim explicándome su ciencia.

–Estas cartas también son ciencia, sí, ciencia.

Tomó un palo que estaba algo doblado en uno de sus extremos y que tenía forma de guadaña y en el otro tenía la forma de un cuchillo o de un sable. No era una forma hecha artificialmente sino que era obra de la naturaleza. Tío Maksim agarró ese palo y empezó a decirme:

–Estas son las cartas en las que leo la profunda sabiduría de Dios. Mirad, en un extremo es una guadaña. Eso quiere decir que vendrá un tiempo en que las espadas se cambiarán en guadañas. ¡Qué admirables son las obras de Dios! La guerra debe desaparecer de la faz de la tierra.

Maksim lloraba.

–Vendrán tiempos en que ya nadie combatirá.

Citó un pasaje entero de Isaías. Luego agarró un segundo palo, y un tercero, distintos el uno del otro, y comentaba la sagrada Escritura o predicaba acontecimientos importantes basándose en las diversas formas de estos palos.

Yo, que miraba y escuchaba sus palabras, me emocioné enormemente y lloré lágrimas sin consuelo, igual que un niño, pero al mismo tiempo sentía una enorme alegría interior.

–Escucha, querido mío –me dijo Maksim–, cuando Dios te destine a hacer sus obras admirables, entonces acuérdate también de mí, pecador. Mira, aquí se alabará el nombre del Señor, este será un lugar santo. ¡Dios mío, Dios mío, qué desgracia, ya no hay cristianos! ¡Qué dolor! Casi todos se han convertido en enemigos de Cristo (lloraba). Se profana el Evangelio, sí, el Evangelio es profanado. Pero tú, querido mío, serás misionero e irás a Siberia. Llevarás también a tus padres. ¡Qué admirables son las obras de Dios! Dicen que estoy loco, pero, querido mío, sin locura no se entra en el reino de Dios. Querido mío (se arrodilla para orar), yo he visto en el bosque a la santísima Trinidad, se me apareció en forma de tres guerreros luminosos, parecidos al sol y ceñidos de rayos de sol. ¡Tus obras, Señor, son admirables! (Maksim sollozaba). Ayer vi a Pedro y a Pablo, los apóstoles de Cristo. Ellos son, querido mío, los que me han revelado tu camino y tú, querido mío, llevarás a cabo su obra. ¡Señor, Señor, Señor! ¡La obra de Dios se ha encomendado a un hombre!

Maksim cayó de rodillas ante mí, pero yo me postré a sus pies como ante el mismo Señor y ambos rompimos a llorar con una intensidad como sólo se llora por un amigo que acaba de morir. Y la multitud que había ido a ver a Maksim, en cuanto nos vio llorar, rompió también a llorar desconsoladamente.

–He pedido a Dios y a los santos apóstoles que te protejan, sí, que te protejan. Querido mío, Satanás reúne todo su ejército contra ti y quiere perderte, perderte para siempre, pero yo he pedido por ti y tu madre también ruega por ti a nuestro Señor. Y también he oído, querido mío, que el diablo te perseguirá durante toda tu vida. Llegará un día, querido mío, en que estallará una guerra terrible, en que todo el mundo combatirá, y hasta tú mismo vendrás de Siberia e irás a la guerra. La guerra es el juicio de Dios, pero todavía no es el juicio final de Dios. Él juzga a los cristianos porque, querido mío, han pisoteado el santo Evangelio. Sí, los cristianos de hoy han rechazado el santo Evangelio (Maksim sollozaba). ¿Pero qué sucederá después de la guerra? Por ahora no te lo voy a decir, querido mío...

Después de estas palabras Maksim se ensombreció de improviso y se replegó sobre sí mismo. Permaneció en silencio absoluto durante veinte minutos y yo dejé de mirarle. Maksim se dirigió después a la multitud y empezó a hablar en aforismos de forma inconexa, pero luego habló otra vez del santo Evangelio despreciado por los cristianos. Y dijo:

–Para vivir según el Evangelio hay que estar locos. Mientras los hombres sean razonables y sensatos, el reino de Dios no vendrá a la tierra.

Ese mismo día por la tarde volví a casa. Maksim me había causado una impresión tan profunda e indecible que, al salir de su casa, era otra persona. Cuando llegué a casa y conté todo lo que había visto y oído, mi madre dijo sin titubear que Maksim «predecía la pura verdad».

Siete días después me fui solo a un bosque que se llama «Visockij». Me senté a descansar en este bosque, justo donde terminaba hacia el poniente. Y hete aquí que siento pasos, alzo los ojos y... ¡vaya susto! Maksim venía hacia mí.

–Amigo mío, venía a buscar borriquillos y resulta que te encuentro a ti. Sabes que te amo, que te amo con todo mi corazón, sí, te amo. Vamos al otro bosque.

Y fuimos.

–Mira, querido mío, todas las obras de Dios son admirables. Sí, admirables. No tienes más que mirar al bosque: los arroyos corren, las flores se abren, las hierbas reverdecen, los pajarillos de Dios cantan. ¡Y todo esto es obra de Dios!

Cuando penetramos en el bosque, Maksim cayó en tierra, alzó los brazos al cielo y empezó a cantar: «Santo Dios, Santo fuerte, Santo inmortal, ten piedad de nosotros». Cuando lo cantó por tercera vez, yo me derrumbé en la tierra y perdí el conocimiento. No sé si estuve así mucho tiempo, pero cuando me recuperé vi que Maksim seguía en el mismo sitio con los brazos alzados hacia el cielo. Balbuceaba algo, pero no logré distinguir sus palabras. Me puse a orar con él. Estos instantes jamás se borrarán de mi memoria.

Cuando terminamos nuestra oración, Maksim me miró y volvió a hacer algunas genuflexiones. Luego nos sentamos y, tras un momento de silencio, empezó a hablar.

–Sin oración, todas las verdades son como árboles sin tierra. Hoy ya no hay oración en la vida de los cristianos y, si la hay, ya no tiene en sí la vida. El mismo Cristo oraba, sobre todo en las montañas, en la cumbre de las montañas, donde no había nadie más que él. El cristiano, amigo mío, es un hombre de oración. Para él Cristo es su padre, su madre, su mujer, sus hijos y su vida. Cuando ame así a Cristo, entonces amará sin duda alguna a todas las criaturas de Dios. Los hombres creen que primero deben amar a los hombres y sólo luego a Dios. También yo lo he hecho así, pero no me ha servido para nada. Pero cuando he empezado a amar a Dios sobre todas las cosas, entonces en este amor de Dios he encontrado también a mi prójimo, y en este amor de Dios incluso mis enemigos han pasado a ser para mí otros seres, se han convertido en criaturas de Dios.

La primera forma de amor a Dios es la oración. Los cristianos han levantado hoy gran cantidad de iglesias en todos los sitios, son instruidos y sabios, pero no practican una oración viva. ¡Esta es nuestra desgracia! La oración transforma al hombre según el Evangelio, según Cristo. Si los cristianos conocieran la fuerza de la oración, se regenerarían. Yo no soy muy instruido, pero la oración me enseña cómo pensar, cómo hablar y cómo actuar. Querido mío, tú has conocido a Simeón Samsonovič. La oración lo ha hecho renacer, ¡y vaya hombre que se ha hecho! Yo he orado muchas veces con él en el bosque. Pero esto es poco, pues no basta con orar. Hay que morir por Cristo día tras día y esta muerte es la vida del cristiano. El Espíritu me dice en mi interior: es preciso morir por Cristo. Nosotros vivimos todavía y esta vida nuestra es aún justamente un estado infantil del alma. La madurez de la vida es la muerte, la muerte por Cristo. Cuando los mártires morían por Cristo es cuando saboreaban la vida verdadera y esta vida les parecía tan dulce que olvidaban el sufrimiento e incluso la muerte. Soy Maksin, el *jurodivij*, y afirmo que sin esta locura es imposible heredar el reino de Dios.

–Tío Maksim, ora por mí, para que ame a Dios más que a mí mismo. Quisiera ser pleno y puro amor a Cristo, mi Dios. Lo único que pido a Dios es amarlo sin cesar hasta olvidarme por completo de mí mismo.

Así rogué a Maksim y él me respondió:

–Sin oración es imposible amar a Cristo. Ora más a menudo y la oración generará en ti amor a Dios. Ora en el bosque, ora cuando tiras del arado, ora cuando estés en el campo o en las zanjas y ora sin que nadie te vea. Pero tengo que decirte más cosas, debo decirte lo que me sugiere el Espíritu: Desde el instante de la resurrección de Cristo, toda la tierra es trono del Salvador. Y el trono de verdad, donde se aparece el Resucitado, son nuestros corazones. ¡Qué admirables son las obras de Dios! Cuando pronuncio el nombre de Cristo resucitado, es como si me emborrachara de alegría, y me parece que veo a Cristo no tanto en el cielo como viviendo entre nosotros en la tierra, como alguien vivo, como verdadero rey de la Gloria, adorado en nuestros corazones. Si tuviéramos un corazón puro, veríamos también con los ojos del cuerpo al Hijo de Dios resucitado viviendo en la tierra junto a nosotros, sus hermanos y discípulos.

¡Oh, Cristo admirable, Señor resucitado, hermano nuestro según la humanidad y Dios por su naturaleza divina!
Maksim comenzó a cantar: «Cristo ha resucitado».
Mi alma rebosaba de alegría. En mi corazón empezó a arder una llama admirable, me arrodillé y me puse a orar. Maksim extendió su mano izquierda sobre mi cabeza y cantó aún más fuerte: «¡Cristo ha resucitado!». Cuando se calló, había tanta dulzura en mi alma que estaba dispuesto a dejarme consumir por ella. Llegaba la noche. Con los ojos fijos en el sol, dijo solemnemente:

–Vendrá un tiempo en que los justos brillarán como el sol en el reino de los cielos. Este es el Espíritu de Dios. ¡Oh, qué admirable es Cristo! Nos ha creado de la nada, nos ha llamado a la vida, nos da todo lo que necesitamos y, tras un tiempo que casi no es nada comparado con la eternidad, nos hará resplandecer con la luz de su gloria, de modo que seremos semejantes al sol. Creo que un día toda la creación oirá al Señor resucitado.

Después de decir esto, Maksim cayó de rodillas en la hierba y exclamó en voz alta:

–Señor, si es posible, ten piedad y salva también al diablo y a sus legiones. Georgij[16], ora, ama a Dios y a todo su universo y a toda su creación. ¡Lo que no quieras para ti, tampoco lo quieras ni para el diablo! Él tiene conocimiento de Dios, y puede que ese conocimiento le dé la posibilidad de arrepentirse. Yo me compadezco del diablo porque es una criatura de Dios.

Ya había oscurecido y había que volver a casa.

–Dime, tío Maksim –le dije dirigiéndome a él–, ¿qué debo hacer para ser puro amor a Cristo?

–Ya te lo he dicho, pero te lo repetiré. Algún día Dios te mostrará lo que debes hacer. El Espíritu me dice

---

16. Así es llamado aquí Jagorij-Spiridón.

en mi interior: estáte siempre dispuesto a todo por Cristo. El que está en Cristo no sufrirá dolor ni muerte.

Después de estas palabras, Maksim se despidió y se internó todavía más en el bosque. Yo volví a casa.

En casa no pude comer ni beber. Mi corazón ardió toda la noche en un admirable amor a Dios y a los hombres. No conseguí dormir. Me parecía estar en otro mundo completamente distinto del nuestro. De vez en cuando rompía a llorar. Desde ese momento empecé a compadecerme de todos y de todo: de los muertos, de los vivos, de todos los hombres sin distinción de nacionalidad, fe, sexo, edad, de todos los animales, pájaros, insectos, de los árboles, de la tierra, del sol, del aire.

–Maravilloso, Maksim –pensaba yo–, el Señor te ha premiado con una gracia inmensa. Pero ¿qué me espera a mí? ¿Acaso puedo pensar que mi espíritu llegue a las alturas en que se encuentran estos hijos del reino de Dios?

Tenía la intención de ir al bosque al día siguiente. Pero Dios no quiso lo mismo, porque me puse enfermo y estuve en cama algunos días.

Se acercaba el momento de irme de casa. Me dirigí a la estación cercana. Al salir del pueblo, vi que Maksim me esperaba. Estaba ya literalmente poseído por la locura divina. No eran ni los gestos ni las palabras del hombre con el que me había encontrado algunas semanas antes en el bosque. Hablaba sin ninguna conexión, su discurso era una serie de cadencias rítmicas, de manera que era muy difícil entenderlo. Lloré durante todo el camino. Sus palabras, aunque incomprensibles, tenían cierta profundidad y penetraban en mi alma con una fuerza extraordinaria. Cuando nos acercábamos a la estación, Maksim se escapó sin despedirse, corrió hacia el bosque a través de los campos y ese día no le volvió a ver nadie. Me despedí de mis padres y volví a Petroburgo.

2
Predicación en Siberia

Primera predicación en el Altai

En Petroburgo me establecí en la iglesia sufragánea de san Andrej, en el barrio de las «arenas». Allí la vida era dura por lo mucho que molestaban los cantores, pero lo iba soportando. Conocí por casualidad al secretario del metropolitano Palladic, que me preguntó, quién sabe por qué, si quería ir de misionero a Siberia. El 30 de noviembre, día de san Andrés, el primer apóstol, me llamó el metropolita por la mañana temprano. Me presenté, me hizo algunas preguntas y me propuso ir a Siberia con el obispo Makarij. Le dije que sí y me dio una carta para el obispo y dinero para el viaje. Di un grito de asombro: ¡He aquí el significado de las predicciones de Maksim!

Fui en tren hasta Omsk y desde allí proseguí en un coche de caballos porque el Transiberiano aún se estaba construyendo. El obispo Makarij me recibió con mucha amabilidad. Permanecí con él durante dos semanas y me causó una magnífica impresión. Pero el día de Navidad partí para Biisk en busca del obispo Metodij. El camino hacia Biisk, de cerca de 700 verstas, fue muy duro no sólo por la dificultad del viaje, sino también por las tentaciones morales. Pero Dios me salvó, y creo que fue por las oraciones del obispo Makarij. El obispo Metodij me recibió con una alegría enorme, extraordinaria. Permanecí con él sin un encargo concreto hasta el 17 de mayo, en que me mandaron como lector a la procesión que visita todos los años los pueblos vecinos y las ciudades del distrito de Biisk llevando el icono del mártir Panteleimon. El sacerdote que presidía esta vez la procesión era un admirable y devoto cura de pueblo, el padre Iván Tamarkin, de origen mordvino. Me fui con él.

La vigilia de la santa Trinidad tuve un sueño que me impresionó mucho. Soñé que estaba en la catedral de san Isaac de Petroburgo. Se me acercaba san Pedro desde el coro de la izquierda y me susurraba al oído:

–Desde hoy en adelante no hablarás más que de Dios.

Y el apóstol Pablo, que llevaba una capucha de monje, me bendecía con una leve sonrisa, pero sin decir nada. Cuando me levanté por la mañana sentí en mí una extraordinaria alegría.

Ese mismo día empecé a predicar. Mis predicaciones les parecieron tan eficaces a los que las oyeron, que los sacerdotes de los alrededores y los viejos creyentes[1] venían a escucharme. Les parecía un enigma. Muchos me preguntaban dónde había estudiado. Dios es testigo de que, desde ese día, una enorme multitud me seguía por todas partes. Ya desde la mañana la gente llenaba la falda de alguna colina a la espera de que predicara la palabra de Dios. También por la tarde había mucha gente

---

1. Los viejos creyentes era un movimiento surgido en la Iglesia rusa tras las reformas del patriarca Nikon (1652-1666), formado por cristianos que vieron en ellas un ataque a la santa tradición rusa. Provocaron un cisma (*raskol*, de donde procede el nombre *raskolnik*, cismáticos) que todavía perdura. Rechazaban el modo de proceder de la Iglesia y del Estado como obra del Anticristo, idealizaron el pasado religioso de Rusia y propagaron sus ideas como predicadores ambulantes. Así surgieron dos grupos: los «sacerdotales» (*popovcy*) y los «sin sacerdotes» (*bezpopovcy*). Muchos monasterios fueron perseguidos por adherirse a los viejos creyentes y rechazar las reformas de la Iglesia patriarcal.

que esperaba mi aparición y que, después de tres o cuatro predicaciones, estallaba en violentos sollozos que hasta a mí me daban miedo. Además, muchas mujeres confesaban públicamente sus pecados y todo el pueblo seguía su ejemplo. Un sacerdote del pueblo les absolvía inmediatamente de sus pecados y al día siguiente les daba la comunión. Así, en estas regiones se empezaron a construir capillas e incluso iglesias.

Durante tres años, desde mayo hasta primeros de octubre, prediqué todos los días la palabra de Dios en la provincia de Tomsk. A algunos sacerdotes no les caía bien, pero la mayoría me veía con buenos ojos. Durante este periodo, el obispo Metodij fue mi guía, mi maestro y mi benefactor. Le debo muchas cosas.

Después de la procesión fui al Altai con el padre Michail. El Altai me impresionó muchísimo y allí tuve la oportunidad de escuchar en varias ocasiones a un misionero famoso y de aprender de él un montón de cosas.

Al tercer año de estar en aquella región, los obispos me otorgaron licencia para predicar en todas partes. Pero sucedió que durante algún tiempo perdí completamente el don de la predicación. Nos habíamos detenido en un pueblo grande y se nos había asignado un apartamento en casa de un comerciante que tenía una hija hermosa como los ángeles. El diablo me hizo caer entonces a sus pies y pequé con ella. No sé cómo pudo pasar. Ella lloró mucho la pérdida de su castidad y yo no me morí de casualidad. Me parecía que todo se había acabado, que la había arruinado a ella y que yo mismo estaba perdido. Los padres de la muchacha se enteraron de lo que había pasado, pero no me dijeron nada. Mi arrepentimiento era realmente grande, pero mi pasión lo era aún más. Aunque, si soy sincero, creo que todo esto lo prepararon sus padres.

Decidí casarme con la muchacha, pero Dios dispuso otra cosa, porque tuvo un resfriado y murió de pulmonía. Desde ese momento, mis predicaciones perdieron mordiente y durante algún tiempo incluso perdí el gusto por la oración y el amor a Dios. Esto me hacía sufrir mucho y estaba desesperado. Oraba, pero ya no tenía la fuerza espiritual de otros tiempos, y entonces decidí peregrinar a Tierra Santa.

Peregrinación a Tierra Santa

De camino hacia Palestina, volví a saludar a mis padres, que ya estaban preparados para marcharse a Siberia, al distrito de Barnaul. Durante el viaje visité también a mis amigos de Constantinopla y del Athos y fui a venerar a san Espiridón de Trimithonte[2], en la ciudad de Kerner. Oré fervorosamente ante las reliquias del siervo de Dios. El higúmeno me enseñó el rostro del santo, toqué también su mano y me pareció que estaba blanda y nada rígida. La barba se había caído casi toda, la boca estaba semiabierta y el color de la cara era como de tierra.

Durante dos semanas estuve rodeado de una naturaleza extraordinariamente bella. Llegué por fin a Palestina y estuve dos meses exactos en Jerusalén. Visité varias veces el Sepulcro del Señor y el de la Madre de Dios y fui a los alrededores a visitar los lugares consagrados por la presencia de nuestro Señor.

2. Sabemos pocas cosas ciertas de la vida de san Espiridón, obispo de Trimithonte, en Chipre. Quizás participó en el concilio de Nicea (325) y en el Sardes (343). Hacia 346 debía ser aún obispo de Trimithonte. Sus reliquias se conservaron primero en Trimithonte y luego en Constantinopla. Tras la conquista de esta ciudad por los turcos (1453) se trasladaron a Corfú, donde todavía se veneran. La popularidad de Espiridón fue muy viva en todo el Oriente.

Ante el santo Sepulcro me invadió una gran tristeza. Era la primera vez en mi vida que veía un tráfico tan desagradable de cosas sagradas. A cada paso, dinero, dinero y dinero. Lo primero que hacen los peregrinos es ir al patriarca, que les lava los pies y también los bolsillos. Los griegos convencen a los peregrinos de que si en su familia se les ha muerto algún niño sin bautizar o algún pariente pecador o asesino y quieren rescatar sus almas, es preciso que celebren en el Sepulcro del Señor una santa liturgia llamada «misa de absolución». «Esta misa quita todos los pecados», dicen los monjes griegos a nuestros peregrinos rusos. Los primeros oran y los segundos pagan veinticinco rublos por cada alma. Entonces, un obispo celebra la liturgia y en el ofertorio recuerda a los difuntos y recita la oración de absolución.

Todo esto me causó una impresión penosa, tan penosa como la que me produjo el infame comercio de objetos sagrados. Hay verdaderos barreños llenos de frasquitos de aceite perfumado de san Nicolaj, cruces e iconos en madera de la encina de Mambré, y otras muchas cosas de este tipo. Los monasterios se arriendan con todos sus objetos sagrados. Los griegos comercian con todo lo habido y por haber, trafican con el Sepulcro de nuestro Señor, con los sacramentos de la Iglesia, con las sagradas reliquias y hasta con el propio Señor.

Pero si es verdad que en el Sepulcro de nuestro Señor me disgusté mucho por el tráfico de objetos sagrados y por la vida inmoral de los monjes, también lo es que sentí una gran alegría y un enorme consuelo al venerar los santos lugares de que habla el Evangelio. Subí al monte de los Olivos, fui a Belén, vi el Jordán, el Mar Muerto, el lago de Genesaret, fui a Nazaret, vi el Tabor, y caminé por la colina en la que dice la tradición que Jesús pronunció el sublime discurso de la montaña. De todos estos santos lugares, el que más santamente me emocionó y el que más profundamente me turbó, más incluso que el propio Gólgota, fue el lugar en que, según la tradición, Cristo oró en Getsemaní. Allí lloré amargamente. Gracias a Dios, al menos allí oré como se debe. Pero, mi alma estaba desolada y triste. Sufría porque se conculcaban conscientemente las cosas sagradas, porque se comerciaba con ellas, porque se vendía el cielo para sacar un beneficio en esta tierra, porque se vendían los santos, esos santos que habrían considerado pecado sólo rozar el dinero con la mano. Sentía vergüenza y dolor hasta las lágrimas por nuestros peregrinos rusos y sobre todo por las mujeres, a las que los griegos engañaban por doquier y a las que ofendían de todas las maneras posibles.

En Palestina me encontré con un judío que se había convertido al cristianismo. En varias ocasiones hablamos de Cristo largo y tendido. Era de origen ruso y había venido a venerar el Sepulcro del Señor. Era obrero. Este judío me impresionaba hasta las lágrimas por su amor a Cristo. No podía pasar junto a judíos de Palestina sin pararse a hablarles de Cristo. Los judíos le maldecían, le escupían a la cara y lo rechazaban, pero él, como un manso cordero, se limpiaba el rostro con la manga y seguía anunciando al Salvador. Su fe era una fe viva, omniabarcante. Respiraba enteramente a Cristo. Cristo lo era todo para él, aunque pareciera que su Cristo no era el Cristo universal, sino sólo el Dios de Israel. Si soy sincero tengo que decir que ante este judío me sentía un poco celoso de Cristo. Él amaba tanto al Señor que besaba la tierra cuando se aproximaba a cualquier lugar santo. Los últimos días de mi estancia en Jerusalén casi nunca me separé de él.

—Señor —decía—, debe saber usted que he encontrado a Dios y ahora ya no necesito nada. Siento mucha compasión por los judíos que no han conocido a Cristo. ¡Él es el verdadero Mesías! ¡Oh, ceguera de Israel! (Y lloraba). ¡Habría sido mejor que hubiera desaparecido de la faz de la tierra que verse privado de la salvación en Cristo! Desde que creo no tengo necesidad de nada. Volveré a casa y seguramente llevaré a Cristo a los padres de mi mujer.

Y continuaba:

—¿Sabe usted? Ahora me siento otro. Ya no temo a la muerte, y mi corazón está consagrado sólo y exclusivamente a Cristo. Pero, ¿por qué no creen los judíos?

Este judío era un auténtico cristiano. La verdad es que como él quedan ya pocos. Advertí en él la mezcla de dos sentimientos hacia Cristo: uno religioso, de amor a él como Salvador, y otro nacional, de amor a él como judío. Mientras estuve en Palestina, influyó mucho en mi alma. Mi corazón sintió de nuevo una sed de amor a Cristo. Quería amarlo y amarlo hasta el final...

Desde Palestina volví una vez más a Kiev y decidí ir a Chiva y a Bujara. Soñaba predicar el cristianismo en estos pueblos mahometanos. Pero en Chiva sólo estuve algunos días y en Bujara aproximadamente un mes. Aquí conocí a un misionero inglés que ya llevaba allí varios años y que se me quejaba de que entre los mahometanos había encontrado un terreno más bien refractario a la predicación del Evangelio. Decidí volver a Siberia. Poco después, el obispo Metodij, que se encontraba en misión en Čita y en Irgen', me acogió en Čita con los brazos abiertos. Permanecí en Čita durante varias semanas, y el obispo Metodij me destinó como lector al centro misionero de Irgen', pero un año después fui destinado de nuevo a participar en la procesión misionera, donde reanudé mi actividad como predicador. Con esta procesión entramos por primera vez en el centro penitenciario. Desde entonces, aunque no hubiera procesión, visitaba todos los años a los condenados a trabajos forzados, y no sólo a los condenados a cadena perpetua, sino también a los presos de las demás prisiones de más allá del Baikal.

Dividí mi año en tres periodos: la procesión, la predicación y la visita a las prisiones. Mis predicaciones atrajeron también ese año grandes multitudes, pero he de decir en conciencia que estas predicaciones de la región del Baikal no se pueden comparar con las de Tomsk. Ya no sentía en mí el fervor de antes... Aquí trabajé todo lo que pude para crecer espiritualmente con la ayuda y la dirección del obispo Metodij. Debo mucho a este hombre.

Pero en Irgen', donde ya había vivido antes, me di perfecta cuenta de que corría el peligro de separarme de Dios y de entregarme a las vanidades del mundo. La misma naturaleza, tan salvaje, hacía que aumentara mi malhumor y me llenaba de pensamientos muy tristes. Muchas veces me parecía que mi alma se desvanecía y sollozaba lleno de pena. Una vez estaba orando en Irgen' a la orilla del mar y me quedé dormido. Se me apareció en sueños el padre Iván de Kronstadt[3] y me confesó. Después de confesarme, se apoderó de mi alma una gran paz. Mi alma no estaba aún totalmente tranquila. Lo que más me atormentaba era mi participación en la procesión. Y no quiero hablar de las muchas tentaciones que se me presentaron en este viaje y que no eran nada fáciles de vencer. Pero lo que más me turbaba era que mi conciencia no estaba tranquila.

---

3. Iván de Kronstadt (1829-1909) fue un sacerdote secular con gran espíritu de contemplación que unía a la caridad activa una gran capacidad como maestro espiritual. Miles de peregrinos acudían a él buscando consuelo y ayuda. Para conocer a este hombre extraordinario conviene leer su obra *Mi vida en Cristo*.

En este tiempo hubo un robo en un comercio de cera y había que cubrir la pérdida con las colectas de la procesión. Estuve cuatro años con esta procesión, dos como laico y dos como hieromonje, pero durante estos dos años mi alma penaba y sufría. En casi todas mis predicaciones a la gente les decía que este icono era milagroso, que había que orar ante él, que la mirada de este icono penetraba en la profundidad de su conciencia y que era imposible huir de esa mirada, que los santos ojos miraban así a las multitudes para despertar en ellas el sentido de la oración. Decía todo esto, pero en mi interior mi alma sufría y se afligía.

–Dios mío –pensaba–, ¿qué estoy haciendo? ¡Si yo mismo estoy comerciando con cosas sagradas! No me preocupo ni de vuestra salvación, ni de vuestra oración. En lo único que pienso es en recaudar la mayor cantidad posible de dinero para nuestro obispo. ¿Acaso me defenderá él ante Dios el día del juicio por este sacrilegio?

Iba a esta gente, sedienta de amor a Dios, y resulta que a esta gente tan buena y confiada le estaba vendiendo los dones de la gracia divina. ¡Hay que ver lo lejos que estaba de mi deber evangélico concreto! Y no era el único que me comportaba así, porque no enseñaba esto por mi cuenta, sino que había sido enviado por el obispo y hacía lo mismo que muchos otros habían hecho antes que yo y que seguirían haciendo después de mí.

Seguí dos años más de laico en la procesión, con mi alma profundamente atormentada. Al final del segundo año decidí casarme con una estudiante de instituto que tenía dieciocho años. La verdad es que no estaba muy enamorado de ella, pero me gustaba. Manifesté mi intención al obispo y me dio su consentimiento. Pero la madre del obispo, una señora anciana realmente maravillosa, convenció a su hijo de que no me diera la bendición para el matrimonio, y ese mismo día por la tarde me dijo que no me había preparado para el matrimonio sino para la Iglesia de Cristo.

–Tienes que saber y acordarte –me dijo el obispo Metodij– de que jamás daré mi consentimiento a tu matrimonio.

Acaté la decisión del obispo, pero caí en un abatimiento aún mayor que el de antes. Durante veinte días estuve profundamente abatido. Y Dios es testigo de que en esos días –y no me explico por qué– se me aparecía por la noche en sueños Lev Tolstoi y hablábamos largo y tendido del Evangelio.

Cuando ahora recuerdo el sufrimiento de mi vida de entonces, me doy cuenta de qué cerca estuve del abismo de la desesperación. A los veinte días de estar así de desesperado, me envenené. Menos mal que el veneno no era mortal, gracias a Dios. Cuando volví en mí, cuando recuperé el conocimiento, cuando comprendí todo el horror de mi pecado, la conciencia me empezó a remorder terriblemente y decidí cumplir la voluntad de mi obispo. Poco después de estos acontecimientos, el obispo Metodij me hizo pronunciar los votos monásticos en la casa episcopal de Čita. Y el obispo no me ordenó de simple monje, sino que me dio el *schima*[4], cosa que hizo no voluntariamente, sino por error. Y es que cuando el diácono abrió el ritual ante el obispo, este comenzó a leer las oraciones que luego resultaron ser las prescritas para los votos monacales solemnes. Inmediatamente después me ordenó de diácono y unos días más tarde, de sacerdote.

Pero después de la imposición de las manos me esperaba otra vez una gran prueba.

4. Equivalente a la profesión solemne del monaquismo occidental.

De nuevo se me envió a participar en la procesión en la región que está más allá del Baikal. Si este viaje no acabó de una vez con mi fe, sólo fue por gracia de Dios. Incluso ahora, después de tantos años, no soy capaz de recordar, sin temblar por dentro, todos los dolores que padecí entonces por ese terrible y sacrílego latrocinio a costa de la gente creyente y buena. Como ya he dicho, la procesión sólo se hacía durante el verano, gracias a Dios. El tiempo restante lo dediqué a la actividad misionera entre las poblaciones de la región y a la predicación en el centro penitenciario. Empezaré hablando brevemente de mi actividad misionera.

Predicación entre la gente de Siberia

Conocí las poblaciones de esta región cuando era lector en el centro misionero de Irgen'. A las aldeas más cercanas iba a pie, pero cuando tenía que ir a las que estaban más lejos, hacía lo que suelen hacer los misioneros, o sea, metía en un saco tres o cuatro *pud*[5] de galletas y lo ponía en la grupa del caballo. Luego iba de una aldea a otra. Así es como visité a los buriatos, a los tungusos y a los orochenos[6]. Tenía que llevar también un intérprete. Al empezar esta tarea misionera trataba sobre todo de bautizar a cuanta más gente mejor y sufría mucho si en algún sitio no lograba bautizar a nadie. Pero en seguida se produjo en mí un gran cambio. Y voy a contar por qué.

Una vez fui a pasar la noche a la tienda de un buriato. ¿Y qué es lo que vi? En la tienda, en medio de los ídolos paganos, estaba colgado también el icono de la Madre de Dios, con el niño Jesús en sus brazos.

5. Antigua medida rusa equivalente a 16,38 kg.
6. Tribus de lengua mongol establecidos en Siberia.

—¿Estás bautizado?, le pregunté.
—Sí —respondió—, estoy bautizado.
—¿*Toni nyre khymda*?, le seguí preguntando.
—Iván, me respondió el buriato.
—Entonces, ¿por qué tienes ídolos en tu tienda? Solamente deberías tener iconos cristianos y orar al verdadero Dios, Jesucristo.
—Padre, antes hacía eso, sólo oraba a vuestro Dios ruso. Pero luego se me murió mi mujer, más tarde mi hijo y también perdí muchos caballos. Me dijeron que nuestro viejo Dios buriato estaba muy enfadado conmigo. Mire lo que me ha hecho: ha dejado morir a mi mujer y a mi hijo y me ha quitado los caballos. Desde entonces le empecé a rezar también a él y a vuestro Dios ruso. Mire, padre, ahora tengo mucho dolor y tristeza en mi alma por haber cambiado mi Dios por vuestro nuevo Dios.

Y, después de decir esto, el buriato se echó a llorar. Me compadecí tanto de él que incluso sufrí yo mismo, y me compadecí también de todos los que se encuentran en su misma situación. Entendí de repente qué significa robar el alma de un hombre, privarlo de su bien más preciado, arrancarle, quitarle su santo entre los santos, su concepción religiosa natural del mundo y no ofrecerle en su lugar más que un nombre nuevo y una cruz en el pecho. Este buriato me pareció el más infeliz y miserable de los hombres, privado de su religión y arrojado al arbitrio del destino. Desde ese día me dije que ya no bautizaría a nadie, que me limitaría a predicar a Cristo y el Evangelio. Convertir a la gente a Cristo, tal como habían hecho nuestros misioneros, equivalía a ser un verdugo de almas humanas y no un apóstol de Cristo. No sé si tenía o no razón, pero desde ese momento lo único que hice fue predicar la palabra de Dios, dejando a los demás misioneros la tarea de bautizar.

También me fue muy difícil predicar el Evangelio a los budistas. Un día fui a uno de sus monasterios. El *seretuj* me recibió muy gentilmente pero, como ya era muy tarde, dijo que hablaríamos al día siguiente. Así pues, al otro día me dirigí a la pagoda acompañado por el mismo *seretuj*. Los monjes lamas ya estaban allí. El *seretuj* se sentó junto a mí. Empecé mi predicación explicando cómo creó Dios el mundo, cómo envió a la tierra a su Hijo unigénito para salvar a la humanidad, cómo se humilló nuestro Señor obedeciendo la voluntad de su Padre celestial, cómo padeció, resucitó, subió al cielo y cómo volverá para juzgar a los vivos y a los muertos. Luego pasé a su santa doctrina y me detuve sobre todo en las bienaventuranzas. Me parecía que los lamas contenían la respiración para escucharme mejor.

Terminé mi discurso. Y, tras una breve pausa, pensaba irme ya cuando veo que uno de los lamas se levanta, me hace una reverencia, se sitúa en medio de sus correligionarios e inicia todo un discurso, manifestando unos conocimientos mucho más profundos de lo que yo podía suponer. Me es imposible referir exactamente sus palabras, porque su discurso fue muy largo y yo estaba muy conmovido y turbado. Pero esto fue poco más o menos lo que dijo:

—Señor misionero, usted nos ha expuesto su religión cristiana y le hemos escuchado con mucho afecto y hemos prestado mucha atención a todas y cada una de sus palabras. Ahora le pedimos que nos escuche a nosotros, aunque seamos paganos e incultos. Sí, señor misionero, la religión cristiana es en verdad la más alta, la religión universal. Si en otros planetas vivieran seres racionales semejantes a nosotros, no podrían tener una religión mejor que la cristiana, porque la religión cristiana no viene del mundo, sino que es la revelación de Dios. En la religión cristiana no hay nada humano, nada creado, sino que es tan pura como una lágrima o como un cristal, es auténtico pensamiento de Dios. Este pensamiento es esa Palabra (*logos*) de la que Juan Evangelista dice que se hizo carne, es el Dios hecho hombre. Cristo es la Palabra encarnada. Su doctrina ha mostrado al mundo nuevos caminos de vida para el hombre y le ha revelado la voluntad divina. Voluntad divina significa para los cristianos vivir como vivió Cristo. Y la doctrina de Cristo era el eco de su vida.

Pero, mire usted mismo, señor misionero, mire con imparcialidad: ¿acaso vive el mundo como enseñó Cristo? Cristo predicó el amor a Dios y a los hombres, la paz, la mansedumbre, la humildad, el perdón universal. Mandó devolver bien por mal, no acumular riquezas; dijo no sólo que no hay que matar, sino que ni siquiera hay que odiarse, que hay que respetar la santidad del matrimonio, que hay que amar a Dios más que al padre, que a la madre, que al hijo, que a la hija, que a la mujer e incluso más que a uno mismo. ¡Pero vosotros, los cristianos, no sois así! Os comportáis como bestias feroces. Os debería dar vergüenza hablar de Cristo. Entre nosotros no hay nadie que viva peor que los cristianos. ¿Quiénes son los que tienden trampas, los que viven disolutamente, los que roban, los que mienten, los que hacen guerras y los que más matan? Los cristianos. Son los primeros que reniegan de su Dios. Venís a predicarnos a Cristo y nos traéis terror y sufrimiento. No voy a recordar la inquisición, ni contaré cómo se comportaban los cristianos con los salvajes. Me limitaré a recordar algunos hechos recientes. Se estaba empezando a construir el Transiberiano que, como sabéis, pasa junto a nosotros. Estábamos contentos, pues pensábamos que los rusos traerían a nuestra existencia salvaje e inculta la luz y el amor de la doctrina cristiana. Esperábamos impacientes el momento en que la vía se acercara a nosotros ¡Y lo que esperábamos realmente era nuestra desgracia y nuestra ruina! Vuestros obreros llegaban a nuestras tiendas borrachos como cubas y enseñaban a nuestros buriatos a emborracharse, pervertían a nuestras mujeres... Así es como penetraron en nosotros la embriaguez, los hurtos, los homicidios, las riñas, los litigios y las enfermedades. Hasta ese momento no habíamos utilizado nunca cerraduras porque no había ladrones y mucho menos asesinos. Y ahora que los buriatos ya han probado vuestra cultura y saben lo que es para vosotros la verdadera vida, ya no sabemos qué hacer con ellos. Los cristianos ya no creen en lo que predican. Si creyeran y vivieran como Cristo ha enseñado, no necesitarían predicar, porque todos abrazaríamos inmediatamente el cristianismo. Y es que los hechos pueden más que las palabras. ¿Acaso podríamos seguir en las tinieblas si viéramos cerca la luz? Señor misionero, se equivoca usted si cree que somos tan ignorantes que no sabemos distinguir el bien del mal. Pero tenemos miedo de ser peores gracias a vuestro cristianismo y de embrutecernos por completo. Hemos visto misioneros a los que les gusta el dinero, que fuman, beben y llevan una vida tan licenciosa como nuestros peores buriatos. Y misioneros que amen de verdad a Cristo más que a sí mismos, no hemos visto ni uno.

Vuestros sacerdotes aseguran que han recibido de Cristo el poder de perdonar los pecados y de purificar las almas, de expulsar demonios y de curar cualquier enfermedad humana. Pero los cristianos no sólo no nos mostráis ese poder de eliminar, purificar y curar todo lo malo, impuro y deforme, sino que encima contamináis a los paganos con vuestro ejemplo. No, señor misionero, lo que tienen que hacer los cristianos es creer en su Dios y demostrarnos que lo aman. Quizás entonces os recibamos como ángeles de Dios y aceptemos el cristianismo.

Después de decir todas estas cosas, el lama se sentó. Yo estuve sentado todo el tiempo como fuera de mí, como fulminado por un rayo.

Si el *seretuj* no me hubiera invitado a levantarme, es probable que no me hubiera movido de allí. Nunca en mi vida había sentido tanta vergüenza, ni oído una ofensa tan grave y ardiente contra el cristianismo como en esta conversación y después de ella. Me despedí del *seretuj*, monté en el caballo y huí sin saber adónde. Entonces todavía era laico. Volvía con la peor opinión posible sobre mí, sobre mi vida y sobre los cristianos de nuestro tiempo en general. Aunque estaba pesaroso y ofendido, no tenía más remedio que darle la razón al lama en muchos puntos y reconocer que no tenía ningún motivo para sentirme ofendido por él.

–¿Qué significa esto? –pensaba–. ¿Es posible que los auténticos enemigos de la predicación cristiana seamos los propios cristianos? ¿Es posible que nuestra vida sea la vergüenza absoluta del cristianismo del mundo entero?

Y veía que, en el fondo, la trayectoria de mi vida era lo más contrario al Evangelio. Había recorrido cerca de ocho *verstas* y no pude continuar porque me dolía terriblemente la cabeza. Me detuve, até el caballo, extendí mi manta de fieltro y me tumbé con la cara hacia abajo mientras mis ojos se cubrían de lágrimas. Cuando me desperté por la tarde, ya no me dolía la cabeza, pero en mi alma había una angustia mortal. Tenía ganas de llorar, de sollozar:

–¡Dios mío, Dios mío! –repetía–, los paganos nos temen más que a la peste. Tienen miedo de que les contagiemos nuestra vida vergonzosa e inmoral.

Y, como fuera de mí, grité:

—Señor, haz de mí lo que quieras. Lo único que te pido es que me concedas amarte con todo mi ser. No me importa ser un animal, un perro, un lobo o una serpiente, lo que quieras, con tal de que te ame con todo mi ser. Creer en ti es demasiado poco para mí. Porque quiero amarte tanto que sea sólo amor a ti. Señor, ¿oyes la plegaria tan ardiente que te dirijo?

Y así profería estos gritos desgarradores.

Fui a visitar las aldeas de los alrededores. A una de ellas, que no estaba lejos del monasterio budista, llegué a la mañana del día siguiente. Entré en una tienda y me recibieron con mucha cordialidad. El dueño de la tienda era un hombre muy simpático. No me había dado tiempo a tomar una taza de té, y ya estaba la tienda llena de hombres y mujeres buriatos.

Todos me miraban afablemente y pensé que en estos hombres salvajes había más bondad humana natural que en nosotros, cristianos civilizados. Conversé con ellos, pasé de un tema a otro y terminé proponiéndoles hablar de Dios. Mientras hablaba, algunos buriatos fumaban y otros masticaban tabaco, pero todos me escuchaban con gran atención. Cuando terminé, un viejo llamado Zarchov me miró dulcemente, sonrió con discreción, con una sonrisa casi infantil, y me dijo:

—Las religiones son muchas, pero Dios sólo hay uno.

—Zarchov —le dije—, deberías bautizarte.

—Todavía no he robado ningún caballo. ¿Por qué, pues, debería bautizarme?, me respondió.

Recibí otro golpe violento, pero esta vez con razón. Porque me acordaba de que, en tiempos del obispo Meletij, se bautizaban todos los pícaros, los atracadores y los ladrones de caballos, y que, además, se bautizaban para evitar, como cristianos, el castigo por sus delitos...

Pasé la noche en casa del buen Zarchov y luego me marché. Iba de una aldea a otra predicando a Cristo y fui testigo de muchas muestras de bondad de los buriatos para conmigo. Una vez fui a las orillas del río Vitim donde, además de buriatos, me encontré también con orochenos. Estos están aún menos civilizados que los buriatos. Parece que lo único que les interesa es la caza. Viven una vida nómada. Hubo un tiempo en que tenían renos, pero cuando yo los visité ya habían desaparecido. Los orochenos ni siquiera tienen tiendas, sino una especie de sacos hechos con pieles cosidas, con el pelo hacia fuera. Las cosen no con hilo, sino con tendones de los animales. Antes los orochenos sólo tenían fusiles a pedernal, pero ahora casi todos tienen carabinas. Se dice que las consiguieron por dejar su fe chamana[7] y pasarse al cristianismo. Todos los orochenos con los que me he encontrado ya estaban bautizados, la mayoría de ellos siendo obispo Meletij. Me contaron que estos hijos de la naturaleza no fueron llevados a la Iglesia sólo por la predicación de Cristo, sino también por incentivos terrenales.

Cuando llegó el momento de contactar personalmente con los orochenos, pude convencerme de que habían sido paganos hasta su bautismo y de que lo siguieron siendo hasta ahora. Creo que la culpa es sobre todo de nuestros misioneros. Porque su objetivo principal no era iluminar a esta pobre gente privada de la luz de Cristo y confirmarla en la fe cristiana con su trabajo pastoral, sino sola y exclusivamente bautizar al mayor núme-

---

7. El chamanismo no es propiamente una religión, sino un conjunto de elementos mágico-religiosos característico, sobre todo, de los pueblos del área ártica y siberiana, centrado en la figura del chamán (del tunguso *Saman* = el que está en éxtasis), persona a la que el grupo le reconoce la función de mediador con el mundo de los espíritus o de las divinidades.

ro posible. Y ello por una razón: porque cuantos más bautizaran, más renombre tendrían ante las autoridades diocesanas y más posibilidades tendrían de obtener sus buenas recompensas.

Tenía mucho interés en conocer a los maestros del budismo en nuestras provincias septentrionales. Después del incidente que he contado, coincidí más de una vez con los lama, que me volvieron a sorprender por la originalidad de sus concepciones religiosas y la amplitud de sus conocimientos. Algunos habían estudiado en nuestras universidades. Recuerdo una conversación que tuve con un lama erudito. Nos conocimos el tercer año de mi sacerdocio. Una vez me preguntó:

—¿Por qué todos los genios de la humanidad son panteístas y están, por tanto, más próximos a nosotros, los budistas, que a la religión cristiana, que es teísta? Porque eso fueron los filósofos de la antigüedad y también lo son los filósofos alemanes modernos.

Le respondí diciendo que, en mi opinión, no se puede vivir sin fe religiosa y que, por tanto, si no se conoce a Dios, no queda más remedio que divinizar la naturaleza. Y el hombre genial, en concreto, es más propenso a crear una religión y a contraponerse a Dios en vez de inclinarse ante él.

—Y vosotros, querido lama, ¿qué pensáis de Cristo?

Él me respondió:

—Creo que Cristo y Buda son dos hermanos, sólo que Cristo es más luminoso y amplio que Buda.

Y continuó:

—Si todos los hombres fueran budistas sinceros, podrían dormir tranquilos. Pero si todos los hombres fueran verdaderos cristianos no dormirían en absoluto, sino que estarían velando eternamente con una alegría inefable y entonces la tierra sería el cielo.

Yo exclamé:

–Tienes razón, amigo mío. Pero entonces ¿por qué no te bautizas?

Y él me contestó:

–No se trata de bautizarse, sino de que la vida misma se convierta. ¿De qué os sirve a vosotros, los rusos, consideraros cristianos? Perdonadme si os digo que vosotros, los rusos, no conocéis a Cristo ni creéis en él, y que lleváis una vida que hace que nosotros, los salvajes, nos mantengamos alejados de vosotros y temamos que nos contagiéis.

Ahora os hablaré de mi predicación en las prisiones del presidio de Nerčinsk y en las otras prisiones al otro lado del Baikal.

3
Entre los deportados

En la cárcel de Čita

He hablado brevemente de mi apostolado en Siberia y ahora voy a describir, también rápida pero fielmente, mi vida en las prisiones de Nerčinsk y de otros lugares de deportación en la región más allá del Baikal.

Ya he contado cómo, siendo aún laico, acompañé una procesión misionera hasta algunas prisiones de Nerčinsk y cómo prediqué allí a aquellos infelices.

Siendo ya hieromonje trabajé aún con más empeño en estos centros penitenciarios.

Empezaré hablando de la prisión de Čita, adonde fui enviado como capellán después de mi ordenación. Esta prisión era la última escala de los condenados antes de ser enviados a los trabajos forzados.

Cuando empecé a tratar a los condenados, en seguida me di cuenta de que, para conseguir algún resultado en un ambiente como ese, debía tener una caridad absolutamente excepcional y una dedicación sincera y activa, porque si no, era mejor no conocerlos. Estos hombres han sido demasiado maltratados por el destino, se sienten demasiado irritados contra todo y contra todos y, para sacarlos de ese estado, el sacerdote debe estar sólidamente plantado en el terreno de la caridad activa. ¡Pobre del capellán de prisiones que se dedique más a temas administrativos que a atender a los detenidos! Cuando después de introducirme en este mundo llegué a amarlo hasta sacrificarme por él, entonces comprobé cómo me abría confiadamente su alma. Me concedía toda la libertad posible para escrutar los ángulos más ocultos de su vida íntima. Mi experiencia en el curso de mi ministerio me lleva a reconocer que este mundo del delito tiene muchos más ideales, más moralidad e incluso más fe que nosotros, ciudadanos libres de una sociedad libre. Ante mis ojos he visto pasar unos veinticinco mil, a los que he confesado a menudo, les he dado la comunión y les he persuadido con mis exhortaciones a cambiar de vida, a ser verdaderos hijos del Evangelio. Y he encontrado entre ellos personas excepcionales. De estos precisamente es de los que quiero hablar. Quien estudie psicología criminal seguro que encontrará algunas cosas que le pueden interesar.

El seminarista homicida

En la prisión de Čita conocí un día a un hombre condenado a diez años de trabajos forzados, que me dijo:

–Salí del seminario y quería entrar en la universidad, pero mis padres (era hijo de un sacerdote) se oponían totalmente. Querían que me casara y que me hiciera cargo inmediatamente de una parroquia, porque mi padre tenía más hijos que criar. Me resistí un poco, pero luego decidí someterme a su voluntad y me casé con la hija de un hieromonje. Mi mujer era una auténtica paloma inocente y la amaba muchísimo. Un día me dijo en plan de broma:

–No te amo y no entiendo cómo he podido casarme contigo.

Me tomé esas palabras a broma y los dos nos echamos a reír sin tener la más mínima sospecha el uno del otro. Casualmente estaba en casa una chavalilla de cerca de ocho años, hija del secretario del lugar. Esta chiquilla oyó lo que habíamos dicho en broma y, cuando volvió a su casa, se lo contó a su madre, y esta a su marido, el secretario del ayuntamiento. Al día siguiente fui a visitar a mi obispo para pedirle una parroquia y fijar el día en que me ordenara de diácono. Cuando volví a casa, no estaba mi mujer. Fui al jardín, y tampoco estaba allí. Entonces me dirigí a la iglesia, donde esperaba encontrarla. Y me la encontré justo cerca de la iglesia, en el recinto sagrado, sentada en un banco con el hermano del secretario. Cuando me acerqué, me pareció que ella se turbaba. Me dio la mano, pero no se levantó para saludarme. Mi corazón se trastornó. Las palabras que dos días antes me había dicho en broma cruzaron mi cerebro y se plantaron completamente ante mí con todo su horror. Cinco minutos después la invité a volver a casa y me pareció que me seguía de mala gana.

Esperaba que mostrara algún interés por mi visita al obispo, pero ni una sola palabra sobre el tema.

—Vaya —me decía— resulta que he ido al obispo para preparar algo mejor nuestro hogar, para asegurar un trozo de pan para los dos y luego para alimentar y criar a los niños, y mientras tanto pasan unas cosas que arruinan completamente mi vida.

Estuve triste todo el día. Por la noche me fui a la cama, pero ella no se acostó conmigo. Se me ocurrió una idea: voy a ver su lecho. Como un ladrón, me acerqué furtivamente a su lecho y... ¡horror! Me convencí de que mis sospechas eran fundadas. Os podéis imaginar hasta qué punto estaba fuera de mí. En un instante me fui a casa del secretario, degollé a su hermano, lo mutilé, luego agarré un hacha, le corté la cabeza a mi mujer y seguí descuartizándola hasta que no quedó más que un horrible amasijo envuelto en sangre. ¡Con qué placer cometí esa masacre! Todavía no he sentido nunca una alegría como la que experimenté mientras mataba a mi amada mujer.

Cuando terminé de descuartizar a mi mujer y volví a casa, me pareció verla a mi lado de rodillas, en actitud de oración, sobre el suelo de nuestra habitación. Entonces salí precipitadamente a la calle gritando como un loco que era un asesino, que había matado a dos personas. Me detuvieron, me condenaron y aquí me tiene, de viaje hacia diez años de trabajos forzados. Padre, mi situación resulta intolerable. La vida para mí no es más que un tormento. Moralmente estoy arruinado. A veces me parece que no fui yo el que hizo todo aquello. He intentado rezar, pero la oración no sale de un alma criminal; siento un disgusto tremendo. Padre, si usted pudiera ayudarme...

–Hijo mío, hijo mío querido, te pido entre lágrimas que te confieses, y que lo hagas de tal modo que después de confesarte no quede en tu alma ni un solo pecado desde que eras niño. Detente sobre todo en los pecados más terribles y vergonzosos, y díselos al sacerdote con todo detalle. Luego, atribúyete a ti el origen de todos esos pecados. Entonces, después de una confesión así, sentirás de golpe un gran consuelo. Y, además de la confesión, te pido que empieces en seguida a orar sin descanso con la oración del corazón. Haz esto durante dos semanas y verás lo que sucede.

Me prometió poner en práctica mi consejo durante quince días. Pasaron cinco y quise verlo, pero había salido para el penal. Lo encontré más tarde y le pregunté:

–Hola, amigo, ¿qué es lo que sientes?

—¡Qué bondad, vaya dulzura! Pero es muy difícil y penoso cumplir su consejo.

Lo abracé, le rogué y le supliqué que siguiera con ese duro ejercicio, y él contestó que sí. Mientras predicaba el domingo siguiente, me di cuenta de que sollozaba más fuerte que los otros. Me daba pena de él. Después de la misa lo hice venir al presbiterio. Al principio no quería entrar, porque sabía muy bien que era un gran pecador, pero finalmente logré convencerle para que entrara. Mientras subía los escalones del presbiterio, observé que hacía profundas genuflexiones y que sollozaba con mucha fuerza. Entonces lo abracé allí mismo, lo cubrí de besos y le hablé, para consolarlo, de la misericordia de Dios. Él rodeó mi cuello, me llenó de lágrimas y me dijo:

—¡Padre, qué bien me siento! Mi alma se ha vuelto ligera. Haga el favor de confesarme y de darme la comunión el próximo domingo. Y también le pido el santo Evangelio.

El domingo siguiente volvió a verme. Estaba tan contento y tan feliz de vivir que no lo reconocía. Durante la confesión me contó entre lágrimas que esa noche se le había aparecido en sueños su mujer y que le había dicho:

—Te perdono. Sólo te pido una cosa: ten fe en nuestro señor Jesucristo y ámalo.

En nombre del amor de Dios a los pecadores arrepentidos le di la comunión en el presbiterio. Durante los dos días siguientes no paró de llorar, poseído por una sublime alegría y un gran fervor espiritual. Luego se ganó una gran veneración entre los detenidos, que le consideraban un compañero de gran valor moral. También yo me alegré sinceramente al ver cómo un hombre había vuelto al Señor.

El «viejo creyente» de duro corazón

Voy a contar otro caso, el de un viejo creyente que al principio se reía de mí, y se burlaba de los demás prisioneros porque me apreciaban y venían a escuchar mis predicaciones de los días de fiesta y porque asistían a las que tenía dos veces a la semana los días normales. Les decía:

—¡Mirad, ahí viene vuestro salvador, id a escucharlo!

Una vez me crucé casualmente con él y le hice una pregunta, no me acuerdo sobre qué. Escupió y me dio la espalda insultándome con una de esas palabritas amistosas que me causó una vergüenza tremenda. Pero era un tipo que me interesaba y me dije para mis adentros:

—Vamos a ver quién es más fuerte, si el mal o el bien, si el odio o el amor.

Quince días después se puso enfermo. Fui a verle y se extrañó de que fuera a ver a un detenido hereje:

—Padre, ¿por qué viene usted a verme?, ¿es que quiere convertirme a la fe de Nikon?

—No, amigo mío, no es eso lo que busco. Lo único que me importa es que eres hijo de Dios, hecho a su imagen y semejanza.

—Padre, ¿dice usted la verdad?

—Sí, amigo mío, lo que digo es la pura verdad.

—Dios mío, soy un encarcelado perdido, tan preso de la ira que hasta he llegado a insultar a Dios... ¡y ahora, padre, va usted y dice que soy hijo de Dios!

El prisionero hundió su cabeza en la almohada y se puso a llorar como un niño. Yo le acaricié la cabeza y lo abracé llorando a la vez que él y con él.

—Mi querido padre —oí que me decía— perdóneme por amor de Cristo. Le he maldecido siempre tanto, que no puede hacerse ni la más mínima idea. Padre, cuando me ponga bueno, iré a sus predicaciones y hablaré de usted a los demás. ¡Dios mío, soy hijo de Dios! Sí, es posible. Algún día me arrepentiré, pero ahora soy un terrible pecador. Padre, sepa usted que he matado a ocho personas, que he convivido con mi madre, que me he acoplado con animales, que he prendido fuego a dos iglesias, que he convivido con mi hermana, que en una de vuestras iglesias tomé las sagradas especies y se las eché a los perros, que he violentado a mujeres y niños. ¡Fíjese usted qué calaña de pecador soy!... Y todo esto lo digo a despecho de mí mismo. He quedado profundamente conmovido porque en un pecador tan grande como yo soy, porque en el último de los forzados usted ha descubierto un ser humano, ¡y qué ser humano! ¡Un hijo de Dios! ¡Eso me ha llegado al fondo, a lo más íntimo de mi alma! Todos nos desprecian, todo el mundo nos mira como seres abominables y hasta nosotros mismos nos odiamos... pero usted nos ve con unos ojos totalmente distintos. Sepa usted, padre, que es muy grato para nosotros que se nos considere seres humanos. Puede que seamos realmente unas bestias, ¡pero al fin y al cabo somos personas! ¿Por qué nos desprecian? Créame, padre mío, si todos nos trataran como usted, no existirían criminales sobre la tierra. El mal sólo se vence con el bien. Desde que era niño no he vuelto a oír una palabra buena de nadie. Mi padre era un borracho. Mi madre llevaba una vida licenciosa y, cuando murió mi padre, me dio pena de ella y ocupé su lugar junto a ella... y tal llegó a ser mi perdición que hasta llegué a hacer el mal con animales. Una vez estaba tan desesperado que ya tenía en mis manos una cuerda para ahorcarme, pero un compañero me salvó de esa muerte terrible.

Un día me encontré por casualidad con un hombre de Dios, que era muy sabio, uno de nuestra zona, y se puso a discurrir conmigo. Entre otras cosas, le hablé de mis pecados y del arrepentimiento. Y él me dijo:

—Si tuviéramos aquí un sacerdote, el arrepentimiento tendría valor de sacramento.

Entonces me vino a la cabeza una idea y me dije:

—Iré a un monasterio ortodoxo de los alrededores, haré penitencia y quizás Dios me perdonará.

Ocho días después partí para la Lavra de san Sergij. Fui penitente de un sacerdote y le dije en confesión que era un *raskolnik*. Nada más oír la palabra «hereje» me empezó a injuriar en medio de la iglesia, a insultarme, a llamarme enemigo de Jesús y a decir que era un perdido... Yo apreté los dientes y finalmente le di una paliza en las fiestas. ¡Estaba muy furioso! Como suele decirse, desde ese día estaba dispuesto a todo, y los quince años siguientes no he hecho más que darme un baño de sangre. ¡Qué quiere que le diga! Estaré aquí algún tiempo, quizás llegue un día en que recobre la libertad y entonces volveré a mi ocupación de antes.

El prisionero se calló. Y yo también. Tras un largo silencio me miró fijamente y me preguntó:

—Padre, ¿puede confesarme y darme la comunión, pero eso sí, sin obligarme a abjurar?

Yo le respondí:

—Si tú lo quieres, hijo mío, estaré siempre dispuesto a hacerlo.

Él hundió su rostro en la almohada y rompió a sollozar. Unos días después lo confesé y le di la comunión. ¡Podéis imaginaros la alegría de ese pobre forzado! A los quince días quiso volver a confesarse y recibir la sagrada comunión. ¡Qué alegría sentía yo al verle siempre en la iglesia orando y llorando!

El ladrón sacrílego

Vamos ahora con el tercer caso. Era un hombre de treinta y cinco años, alto de estatura, de aspecto delgado, pero de constitución muy robusta y muy enérgico. Era un ingeniero técnico originario de Moscú. Casi nunca iba a la iglesia, pero participaba frecuentemente en mis pequeñas reuniones. Una vez me dijo que quería hablar a solas conmigo. Le dije que sí.

–Padre Spiridón, ya hace tiempo que quería hablar de tú a tú a solas con usted, pero mi amor propio me impide siempre decidirme. Al final me he vencido y me he decidido a hablarle con franqueza. Se trata de lo siguiente: ¡Tengo la costumbre inveterada de robar! ¡Y qué clase de robos! Soy el primero en sufrir por esta costumbre. Por penoso que me resulte admitirlo, lo confieso, pero solo a usted: tengo una pasión invencible por los objetos y las piedras preciosas de los santos iconos. No se lo puede imaginar, y sin embargo es una costumbre que no me deja ni de día ni de noche. Me atraen enormemente las iglesias ricas. Cuando todavía estaba en el sexto curso del instituto, miraba, casi a mi pesar, todos los tesoros de las iglesias y quería aprovecharme de ellos. Cuando ya era estudiante universitario, un poco por interés y un poco por divertirme, arrancaba los cepillos de las limosnas y las cajas de caudales de las iglesias para apoderarme de su contenido.

Un día entré en un templo donde había un icono milagroso. Me estaba ya acercando a la imagen para apoderarme de una presa tan fácil, cuando miré al niño Jesús y me quedé inmóvil, como petrificado. Unos instantes después intenté de nuevo extender mis brazos hacia el icono, pero el niño Jesús paralizó por segunda vez mi voluntad. Pensé: «¡Vaya, hombre, un golpe fracasado!».

Me retiré a una esquina de la iglesia y rogué ardientemente a la Virgen santa que perdonase mi pecado y me ayudase a salir sin incidentes. Llegó la mañana. Abrieron las puertas a las seis y pude salir sin que nadie me viera. Al día siguiente estaba en la cama descansando. Soñaba. ¿Y a quién cree, padre Spiridón, que vi en sueños? Pues a la santa Virgen con el mismo niño Jesús que había visto el día anterior en la iglesia. Se acercó a mí y me dijo:

–¡No vuelvas a hacerlo! Porque acabarás en la cárcel o te sucederá algo todavía peor.

Al oír estas palabras, y como golpeado por una llama de fuego, me levanté inmediatamente aterrorizado.

Pasaron unos dieciocho meses. Conocí a una joven del instituto y, por ella, traté de sacar dinero de algún sitio como fuera. Pero desgraciadamente nada rentaba lo suficiente y yo era muy pobre. Como ya no sabía qué hacer, decidí robar en una iglesia de Moscú, pero me pillaron y me mandaron a Siberia. Huí, pero me volvieron a detener.

Algún tiempo después volví a huir y durante mi evasión maté a un comerciante de una aldea, tomé sus documentos y con ellos viví diez años en Tiflis. No vivía mal, pero no renunciaba a saquear las iglesias de Dios. Mataba a los guardianes, saqueaba los santuarios y los monasterios. Sin embargo, un día el dedo de Dios cayó sobre mí. Me condenaron de por vida a trabajos forzados. ¿Qué le parece? Si hago penitencia, si abandono de una vez mi forma de vivir, ¿Dios podrá perdonarme?

–Hijo mío –le respondí–, para gente como tú es para la que Cristo ha venido a la tierra. No existe ni un solo santo que no haya pecado ante Dios, ni un solo pecador que no haya hecho alguna acción buena. La santidad del hombre ante Dios no consiste en la cantidad de sus obras virtuosas, sino en la calidad de sus relaciones con Él y con su santa voluntad.

—Padre mío, veo el profundo abismo que hay en mí. Es como un foso helado. Desde hace veinte años no comulgo y tengo miedo de recibir la comunión, porque sé muy bien que soy un gran pecador. ¿Qué puedo hacer?

Le regalé un evangelio en ruso. Quince días después quiso confesarse conmigo en dos ocasiones y recibió la santa comunión. Y un mes más tarde, antes de partir para los trabajos forzados, este mi prisionero me contó entre lágrimas que había vuelto a ver en sueños a la santa Virgen con el niño Jesús, que le decía animándolo:

—Si sigues viviendo de esta nueva manera, te salvarás.

Después de esto, volvió a confesarse y a comulgar.

El bandolero arrepentido

En mis coloquios espirituales siempre he procurado mostrar a los prisioneros que los hombres no somos distintos unos de otros, sino que todos somos hijos de un mismo padre, de Dios, que nos ama y que colma con sus gracias tanto al pecador o al criminal más endurecido como al santo más grande. Mediante el ministerio de su único Hijo, Dios ha derramado sobre nosotros su amor infinito y su misericordia. Lo único que tenemos que hacer es abrir nuestro corazón a este amor, y entonces, gracias a este amor del Señor que se derrama sobre nosotros de forma sobreabundante, gritaremos en seguida, en un golpe de entusiasmo:

—Señor, ¿sois acaso vos quien ha visitado la casucha de mi corazón, sucia y rebosante de la sangre de mis hermanos?

Así es como, en mi contacto con los criminales, intentaba que emergiera en ellos la imagen de Dios para llevarles a responder a su llamada. ¡Qué admirables son las obras de Cristo! ¡Hay que ver con cuánto amor algunos de estos detenidos bebían las palabras de amor que Cristo les dirigía! Una vez se me acercó llorando un prisionero arrastrando sus cadenas:

–¡Padre mío! Mírame, sálveme, yo quiero a Dios, ¡lo necesito! Sus predicaciones han resucitado mi alma y siente nostalgia de Dios. ¡Dios, yo quiero a Dios!

–Hijo mío, ¿has resucitado a la vida?

–Sí, padre mío, he vuelto a la vida, vivo. Le ruego que me dé a Dios, a Dios es a quien quiero.

Todos los prisioneros habían salido ya de la iglesia. Me quedé a solas con él y con sus cadenas, bueno, y con el guardia que estaba a su lado.

Lo llevé al presbiterio y él me seguía sumiso como un niño.

–Antes de nada, amigo, ¿quieres que recemos juntos?

–De acuerdo, recemos, respondió el preso.

Oraba con fervor. Luego le pedí que se sentara.

–¡Amigo mío, mi alegría, qué contento estoy de que busques a Dios con tanto celo! Pero Dios sólo entra en el alma del pecador por la puerta del arrepentimiento. ¡Ábrele esa puerta, que tal cosa está en tu mano!

–Antes os voy a contar quién soy yo –comenzó el prisionero– y luego me confesaré. Soy de Odessa. Fui a la universidad, pero en seguida me perdió mi afición a beber. Dejé la universidad y durante tres años llamé a las puertas de los asilos nocturnos. El destino me llevó de Odessa a Rostov, donde seguí con la misma vida. Cuando partí de Odessa para el Cáucaso tenía veintiséis años.

Allí me entregué en cuerpo y alma a los combates y a la sangre. También organicé seis bandas de bandoleros. No perdonaba a nadie. La policía tardó poco tiempo en acabar con cinco de esas bandas. Sólo la que yo mandaba seguía aún escondiéndose en las montañas, en las florestas y en los desfiladeros salvajes. Casi nunca estábamos sin derramar sangre. He matado con mis propias manos hasta mujeres embarazadas. Otras veces he violentado niños y les he visto morir en el acto. Realizaba frecuentemente estos actos crueles e inhumanos. Tenía mucho dinero y tanto oro que no sabía qué hacer con él. ¡Y vaya lo que he hecho! He degollado con mis propias manos a dos sacerdotes. ¡Y no quiero ni hablar de las mujeres que he violado!

–¿Qué es lo que te impulsaba a realizar esos crímenes?

–Padre mío, las pasiones nos convierten en las bestias feroces que veis. Pero lo que alimenta y exaspera las pasiones es el mundo y el ambiente en que hemos nacido, crecido y vivido. Si los criminales viéramos y percibiéramos que la gente no nos trata como a bestias feroces, sino como a seres semejantes, créame, padre mío, entonces no se desencadenarían en nosotros instintos tan sanguinarios. Fijémonos, si le parece bien, en las posadas de antes o en las cantinas donde corre el alcohol hoy. ¿Sabe usted qué son estos ambientes? ¡Pues asesinato y bandidaje, sólo que bajo otra bandera! ¿Acaso no es la embriaguez la que ha hecho de mí lo que soy? Mientras mataba a la gente me decía:

–¡Cállate, conciencia mía! El mundo hace exactamente lo mismo que yo hago, sólo que se esconde tras la ley de las convenciones oficiales. Fíjese en todos los dioses y diosas de este mundo. Mire cómo se sitúan sobre olas de sangre y así se sienten más arriba que los demás. Fíjese también, si quiere, en las prostitutas. ¿No es acaso el ambiente el que las crea? Y como si no bastara con que vendan sus cuerpos y sus almas a las pasiones de los demás por un pedazo de pan, la sociedad las expulsa, las desprecia y las convierte en oprobio no sólo de la cristiandad, sino de toda la humanidad.

Cuando se ve que todo el universo vive de la violencia, cuando todas las leyes y todos los poderes de la vida social no son más que una máquina inhumana que ayuda a que los brazos sangrientos de un pequeño grupo violenten y expriman a la humanidad, se comprende que, aunque no se quiera, se desencadenen las pasiones y se sea capaz de todo. La gente se desespera y se convierte en bestias feroces. Créame, padre, hay momentos en que uno querría destruir el mundo entero, que lo devoraran las llamas, que se convirtiera en un mar de sangre para luego desecarlo, reducirlo a polvo y derramarlo en el espacio infinito. ¿En qué mundo estamos? ¡Es preciso destruirlo! No existe más que hipocresía, violencia y vileza. No veo otra cosa. Nos evitan, nos encierran en las cárceles, nos hieren, nos cuelgan, nos condenan a muerte, pero en vez de disminuir nuestro número, aumenta cada vez más. ¿Cuál es la razón de que la vida lleve a estos resultados?

Se la voy a decir: en nuestros días, padre, todos los hombres se han convertido en obreros de la oficina donde se fabrican los criminales. Y esa oficina es la vida, la vida humana. Cuando veo sacerdotes, prelados o superiores de cualquier clase, me digo:

–¡Hombres, hombres! ¡Qué mezquinos sois en vuestras hipocresías, en vuestros instintos de violencia! ¿No sois los verdugos, nuestros verdugos, los verdugos del alma humana? Creéis ser los pastores de la Iglesia de Cristo, los guardianes de las leyes y de la justicia, los que iluminan a la masa ignorante, y en realidad no sois más que tiranos. Me horrorizo cuando veo el espectáculo de cómo un sacerdote le da la comunión a un criminal antes del suplicio y cómo dos minutos después se le sube a la horca. En ese momento el sacerdote debería preguntarse por fuerza: «¿A quién han colgado, a un criminal o a Cristo?». Esto es lo que hacen los representantes de la Iglesia de Cristo. O esto: el director de la prisión vive como un gran señor a costa nuestra. Gana ciento veinte rublos al mes, manda a sus hijos al instituto y a la universidad, mantiene una manada de perros de caza, y después de seis o siete años de servicio reúne un capital de treinta o cuarenta mil rublos. ¡He aquí, querido padre, lo que nos convierte en criminales! Cuando oí hace poco de su boca la apelación que hacía a Dios, me convencí de que usted nos ama sinceramente y de que quiere nuestra salvación. ¡Ante un rayo luminoso de amor sincero, no se resiste ni siquiera un criminal! Yo, que soy uno de ellos, he llegado a responder a su amor a nosotros con otro amor igual. Créame, si el mundo nos amara como usted nos ama, seríamos santos. ¡Qué grande es la fuerza del amor! ¡Frente al amor no existen leyes, ni fuerzas, ni males que se tengan en pie! Pero el auténtico tema es este: ¿Perdonará Dios mis pecados?

–Querido hijo mío, quédate si quieres con los pecados que se te van a perdonar, y los que tú crees que no se te pueden perdonar, mira, aquí delante de Dios yo me hago cargo de ellos.

Al oír estas palabras, el preso se echó a mis pies e hizo resonar toda la iglesia con sus sollozos diciendo:

–Oh, nuestro ángel celestial, tú has bajado del cielo para consolar a los que somos infelices prisioneros.

Decía esto mientras me besaba los pies. Yo lloraba con él. Tres días después lo confesé y le di la sagrada comunión. Y tres semanas más tarde lo colgaron en la prisión de Čita. Dos días antes de morir fui a verlo en su celda y vi que lloraba a lágrima viva y que oraba. Sabía que sus días estaban contados. Creo firmemente que encontró a Dios.

El inocente condenado por amar a los hermanos

En Čita me encontré también con un preso cismático que sonreía casi siempre que me encontraba y que, sacando de su bolsillo un evangelio paleoeslavo muy usado, me preguntaba qué hay que hacer para vivir según el Evangelio y para heredar el reino de Dios. Yo le decía:

—Es gracias a Dios y al prójimo, el amor vivo a ellos es lo que hará que encarnes en ti todo el Evangelio.

—Padre, hábleme con palabras más sencillas, porque no entiendo bien lo que dice.

—Hijo mío, hijo mío querido, ama tanto a Dios y a los hombres que no seas ya tú el que vive, sino que sean Dios y tu prójimo quienes vivan en ti.

—Padre, ya hace diecisiete años que estoy en la cárcel y dentro de poco me mandarán a trabajos forzados. Me gustaría hablar un momento con usted. A ver si encuentro la ocasión.

Quince días después, mi prisionero cismático vino a verme con el evangelio en la mano, me pidió la bendición y me dijo que unos días después iba a pedir al director de la cárcel que lo encerrara en una celda. La administración atendió su petición. Cuando algunos días más tarde llegué a la cárcel, el director mandó que me dijeran que el preso de la celda número tantos quería verme. Fui. El preso cismático me recibió con gran alegría. Los dos nos sentamos en el suelo.

—Padre, presiento que me queda poco tiempo de vida. Quiero abrirme a usted, sólo a usted, usted será el único que sepa quién soy yo. Padre, procedo de Moscú y era un hombre rico. Me casé, pero no tuvimos hijos. Conocí al obispo Metodij, un viejo creyente y un hombre santo, a quien el gobierno ha deportado a algún lugar de Siberia. Aunque yo pertenezco a la secta de los sin-sacerdote[1], este obispo influyó mucho en mí. Al dejarlo, decidí recitar constantemente el Padrenuestro para mis adentros. Al principio me resultó difícil, pero dos meses después estaba tan acostumbrado que hasta lo recitaba en sueños. Mi mujer se convirtió también a esta práctica, siguiendo mi ejemplo. Y eso nos daba mucha ternura y alegría. Por entonces se empezaba a hablar de Lev Tolstoj y fui a verle. Me recibió. Le conté mi vida y me dijo sonriendo: «No debes tener a nadie por maestro en la tierra. ¡Que Cristo sea tu maestro! Cómprate el evangelio y tómalo como guía». Cuando le dejé, mi estado de ánimo era fantástico.

Dos meses después de esta visita salí muy de mañana hacia Lula para ver a un conocido mío. Volvía a casa. Todo iba bien. Tres días mas tarde tuve que salir otra vez de casa para ir a ver a un amigo, pero, cuando volví, oí gritos en la habitación de mi mujer. Acudí inmediatamente y vi a mi mujer en el suelo, con el corazón traspasado, y junto a ella estaba un amigo mío que siempre la había cortejado. Él quiso casarse con ella, pero ella no lo amaba y lo rechazó. Pero él, aunque ya estaba casado y era padre de cuatro hijos, seguía haciéndole la corte. Después de mi visita al obispo, mi mujer dejó de ir al teatro y casi nunca salía de casa. Al ver este drama de sangre, sentí un horror tremendo. El asesino se postró a mis pies y me pidió perdón. En ese instante me hubiera gustado matarlo, pero luego me acordé de Cristo y le dije: «Anda, vete y no lo vuelvas a hacer jamás».

Luego fui a la policía y le dije que yo había matado a mi mujer. Me procesaron y me metieron en la cárcel. Estuve relativamente poco tiempo en la cárcel de Moscú y casi inmediatamente me llevaron a Tjumen, donde

---

1. Secta que nació en polémica con las reformas del patriarca Nikon.

permanecí cuatro años. De Tjumen me trasladaron a Krasnojarsk. Aquí hubo un asesinato en la cárcel y yo me eché la culpa. Ahora estoy de paso en esta cárcel de Čita para ir a trabajos forzados.

¡Padre, Dios es testigo de cuánto amo a mis hermanos encarcelados! Todos me parecen ángeles del buen Dios y Cristo seguramente los salvará. Cuando llegue el juicio final, Cristo dirá a todos los detenidos: «¡Presos míos, mis sufridores, mis hermanos más pequeños, acercaos a mí! En la casa de mi Padre os he preparado una morada especial, construida con vuestros sufrimientos y con vuestras lágrimas ardientes y resplandeceréis como el sol en el reino del Padre celestial». Y todos los presos se alegrarán y triunfarán eternamente en el reino del Cordero de Dios.

El detenido se escondió tras su Evangelio y rompió a llorar.

–¿Qué siente tu alma?

–Padre, querría amar a todos los hombres, querría perdonar a todos y sufrir eternamente por todos los hombres. Padre, creo que la oración es la que me ha hecho renacer. Cuando era libre no era así.

–¿Tienes alguna vez sinsabores?

–No, jamás. Cuando la conciencia es pura ante Dios, nunca se apaga en el corazón la luz de la alegría. Ahora, junto al Padrenuestro, repito mentalmente cada martes:

–¡Dios mío, vuestro soy, salvadme!

Padre, no me abriría a usted si no me hubiera llegado al corazón con sus predicaciones, que influyen mucho en nuestras almas. Lógico, por tanto, que todos los detenidos le tengan gran estima. Quieren ofreceros una tarjeta de agradecimiento y un icono. Le seguirán a donde vaya, aunque sea a las llamas. Padre, yo también le aprecio. Todavía quisiera pedirle una cosa: que me confiese y me dé la comunión. No he comulgado nunca en mi vida.

—Hijito mío, ¿quieres que te administre también la confirmación?

—Se lo agradeceré.

Lo confirmé en aquella misma celda y al día siguiente lo confesé y le di la comunión. Lo vi otra vez la semana siguiente, y con lágrimas en los ojos me pidió de nuevo que le diera la comunión. Acepté su petición. Y ya no lo volví a ver.

Un año después, mientras visitaba el penal de Nerčinsk, lo encontré enfermo en la penitenciaría de Algaci. Me detuve a conversar con él durante dos horas. Estaba contento de mi visita. Seis meses más tarde volví a esa prisión, y dos días después los detenidos me llamaron para que acudiera al lecho de muerte de este santo preso. Cuando me acerqué a él, se sentó lleno de alegría y dijo haciendo la señal de la cruz:

—Padre, dentro de una hora dejaré la tierra.

Pasaron cinco minutos y se acostó porque ya no podía seguir sentado. Murmuraba algo y luego alzó los ojos diciendo:

—Los cielos están abiertos. La madre de Dios baja hacia mí acompañada de una gran multitud de santos. Padre, ¿lo ve?

—No, hijito, le dije.

—Ahí está Cristo, el Rey de la Gloria, que aparece sobre las nubes y desciende hacia nosotros.

Al decir estas palabras, un temblor convulso conmovió todo su cuerpo. Ya no apartó los ojos de su derecha. Esta vista me empezaba a pesar terriblemente.

—Señor —gritó moribundo—, quisiera sufrir aún por los que permanecen en la tierra. Pero ¡hágase tu voluntad, Señor! Salvad a este sacerdote.

Un instante más y ya no estaba en este mundo. ¡Cuánto lo lloraron los presos! Nunca lo olvidaré.

Ya había tenido antes otras tres visiones, de las que me habló en confesión. ¡Que después de su muerte Dios le conceda también el don de que gozaba en esta vida! ¡Que nos pueda seguir ayudando a nosotros, pobres pecadores, a llevar nuestra pesada cruz en esta tierra!

En el ejercicio de mi ministerio pastoral en las prisiones no he encontrado a menudo cristianos tan ejemplares, pero los hay. Son hombres realmente elegidos por Dios. Toda su vida está en Cristo. ¡Cuántos tormentos, cuántos sufrimientos, cuántas injusticias de todo tipo han tenido que soportar! Y en todo eso no han visto más que consuelo, alegría y gozo espiritual.

La pecadora arrepentida

Una detenida me dijo:

—Padre, quisiera hablar un poco con usted.

—Bien, si quieres, podemos hablar ahora mismo en la iglesia.

—No, padre, ahora no puedo, pero si me viene a ver mañana por la tarde, le estaría eternamente agradecida.

Acepté su ruego y al día siguiente fui a la cárcel inmediatamente después de comer. Ya me estaba esperando. Dije que abrieran la iglesia y entramos en ella. La vigilante se quedó a la puerta.

—Padre, creo que voy a volverme loca. Le he llenado de improperios y maldiciones por lo que me ha hecho sufrir con sus predicaciones. ¿Por qué ha conmovido mi alma? ¡Soy una gran pecadora! ¡Que el Señor me ayude y me haga soportable el peso de mis sufrimientos! Muerte mía, ¿dónde estás? ¡Señor, salvad a esta pobre pecadora!

Le rogué que se calmara. Y una vez que volvió a ser dueña de sí misma, empezó a contarme su vida.

–Mis padres –dijo– tuvieron cinco hijos, tres niños y dos niñas. Yo era la última. Dios me había dado inteligencia y belleza. Ya un año antes de salir del instituto estaba prometida a un estudiante de medicina. Vivimos felices durante dos años, pero luego nos separamos porque él era muy celoso y no iba del todo descaminado. Las adulaciones me hicieron salir muy pronto de los senderos del honor. Después del divorcio no me dediqué abiertamente a la prostitución, pero decidí abandonarme a las pasiones de otro modo. Construí en Moscú una casa, luego recluté algunas chicas jóvenes y me dediqué a traficar con los cuerpos humanos. Al principio me daba pena de ellas y los remordimientos me hacían sufrir, pero a medida que pasaba el tiempo ya no me volví a preocupar y me dediqué a ojos ciegas a este horrible oficio. ¡Padre, cuántos ojos infelices me miran ahora, todos los ojos de esas muchachas, que me miran con una mirada suplicante y terrible! Me atormentan de mil maneras. ¡Ahí están los ojos de Catalina, los de Ivana, los de Vera, Ljuva y Sasa! Todos ellos me miran y me preguntan en tono de reproche: «¿Por qué nos hiciste sufrir?».

Rompió a llorar. Luego, ya un poco más tranquila, continuó:

–Sí, padre, ¿cómo puede Dios seguir soportando mis pecados? He corrompido a más de doscientas muchachas, las he lanzado a las aceras, he roto treinta matrimonios, he envenenado a dos muchachas y a otra la hice sufrir hasta la muerte. ¿Habrá algo que no haya hecho? ¡Pobre de mí! El solo recuerdo me oprime. Para terminar, diré que planeé un crimen todavía más terrible: matar a mi amante para que no pudiera pertenecer a ninguna otra mujer. Mi amante era un estudiante de instituto de diecisiete años. Por él fui condenada a trabajos forzados. Antes de llegar a esta cárcel de Čita vivía tranquila, pero después de oír sus predicaciones ya no logro hallar ningún refugio, se ha despertado mi conciencia, todas las muchachas que atormenté se han convertido en una especie de sombras. Me miran, sus ojos están tan llenos de sufrimiento y de tristeza que me traspasan de lado a lado con un dolor insoportable, como si fuera un hilo agudo que constantemente es enrojecido al fuego. Padre, ¿qué tengo que hacer para aliviar un poco mi mal?

–Te lo diré, mi querida hijita. Arrepiéntete sinceramente y de tal modo que recuerdes todo lo malo que has hecho desde que eras niña. Luego se lo cuentas todo a Dios, hasta el último pecado. Tendrás que hacerlo irremediablemente, aunque te dé vergüenza y sufras. Algunos pecados, por su maldad, te parecerán especialmente graves, más vergonzosos y viles que los otros. En ellos te deberás detener más para que el confesor los conozca perfectamente. Esta será tu primera medicina espiritual. El segundo remedio es que leas dos veces el santo Evangelio. Y, por la mañana y por la tarde, di esta oración:

–Señor, ten piedad de mí, que soy una pecadora.

Reza poco, pero con fervor, y ya veremos.

Quince días después fui a verla y ya se sentía mejor. Había decidido seguir mis consejos. Quería confesarse, pero le dije que no. Se lo prohibí, no porque fuera indigna, sino para que consolidara sus disposiciones. Y es que el alma de la mujer no es tan resuelta como la del hombre y por eso quise que consolidara en su alma la consciencia de su pecado. Luego le compré un evangelio y le pedí que lo leyera dos veces y que rezara a Dios. La semana siguiente volví a verla: los resultados estaban a la vista. Se hallaba contenta y tranquila, pero todavía se adivinada algo, no sé qué, en su alma.

El domingo elegí adrede para ella, como Evangelio del día, el relato de la pecadora que lava los pies de Cristo. Mandé que la llamaran para asistir a misa. Al final de esta, Dios me dio toda su ayuda para pronunciar una predicación conmovedora sobre el amor y la misericordia de Cristo. Los detenidos lloraban y ella también. Al terminar la liturgia, invité a los presos a ponerse de rodillas, me arrodillé yo también y, volviéndome hacia el icono del Salvador, grité:

—¡Señor, mira a estos prisioneros! Ente ellos hay muchos que, como la mujer adúltera, han vendido al mundo su cuerpo y su alma, y se han entregado a una vida disoluta... Pero todo eso lo han hecho antes de conocerte y de verte a Ti, que eres el Salvador misericordioso de los que han pecado. ¡No has hecho más que mostrarte a ella y ahí la tienes a tus pies, implorando a lágrima viva tu perdón! ¡Señor, salva a estos presos, que ellos también derraman sus lágrimas sobre tus pies invisibles! Sé misericordioso, abre tus labios que perdonan y diles a todos: «Hijos míos, se os perdonan todos vuestros pecados porque me amáis».

Toda la iglesia lloraba; ella se quedó sin conocimiento, como muerta. Terminada la celebración, ella no podía calmarse. Tres días después volví a verla y me confió que, al leer el Evangelio, se sentía atraída por Dios y ansiaba derramar lágrimas de arrepentimiento ante Él.

Más adelante fui enviado en misión al penal. Cuando volví a Čita, un mes más tarde, encontré a mi penitente completamente abatida, pues creía que yo no volvería. El domingo siguiente la confesé de nuevo y le di la santa comunión.

Ese fue para ella el día más importante de su vida. Se puso tan contenta que luego me decía muchas veces:

—¡No ha habido nunca en mi vida un día como este!

El preso que había renegado de la Iglesia

Una vez, mientras estaba predicando, oí de golpe que una voz gritaba entre la multitud:

–Claro, a gente como vosotros, bien alimentada y bien forrada de pieles, ¡qué fácil os resulta venir a predicarnos la moral! ¡Pero lo que deberíais hacer es predicársela a nuestros jefes, para que nos den de comer mejor!

Proseguí mi predicación sin tener en cuenta estas palabras. Pero, nada más terminar, vi que los detenidos rodeaban al pobrecillo que las había dicho y que le amenazaban con los puños en alto.

–¿Qué hacéis, amigos míos?, grité.

–Padre, se ha permitido ofenderle –dijeron las voces– y le vamos a dar una lección.

–Amigos míos, aunque me hubiera dirigido alguna palabra ofensiva, tened en cuenta que acaba de llegar, que todavía no me conoce y que en su vida ha tenido algunos enfrentamientos con los sacerdotes.

–Sí, por su culpa he sido condenado a trabajos forzados, respondió llorando el preso que me había dirigido el reproche durante la predicación.

Me acerqué a él, lo abracé delante de todos y le di las gracias por su franqueza. Al ver que me comportaba así con ese individuo que creían que me había ofendido, los presos se quedaron desarmados. En cuanto a mí, les pareció que era un idiota. Se fueron a sus lugares respectivos y yo me fui a mi casa. Pero ese preso había suscitado mi curiosidad. La vez siguiente quise verle, pero ese día no asistió ni a la predicación ni a las vísperas. Eso hizo que mi curiosidad aumentara. Tres semanas más tarde me encontré con él casualmente en el patio de la prisión.

–¿Qué tal, amigo mío?, le saludé.

–Vamos tirando, me respondió de mala gana.

—¿Podríamos charlar un rato sin pelos en la lengua?
—A mí también me gustaría hablar con usted. Siempre que he querido hacerlo, algo me lo impedía.

Quedamos en que nos veríamos en la iglesia. Llegó un día de fiesta, celebré la misa para los detenidos y lo mandé llamar al presbiterio. Empezamos a hablar cuando los demás salieron de la iglesia.

—Dime, amigo, ¿por qué estás en la cárcel?
—Ay, padre, no sabe lo que me cuesta el simple hecho de decirlo —comenzó—. Era profesor. Fui educado en la Iglesia ortodoxa y de pequeño era creyente. Luego me entusiasmaron las ideas socialistas y conocí a algunos socialistas alemanes. Pienso que el socialismo actual carece de algo esencial. Le falta, por así decirlo, un alma cristiana. Me impresionó la tendencia del socialismo moderno a sustituir el cristianismo, y por eso me mantuve lejos de él. Sin duda sabe usted que todos los jefes y heraldos del socialismo son feroces enemigos del cristianismo. Durante una estancia en Alemania recordé con amargura la organización de nuestro Estado y de nuestra Iglesia. En semana santa fui a la iglesia y el viernes santo quise confesarme y comulgar. Teníamos dos sacerdotes. Me acerqué al arcipreste. Empecé a confesarme sin sospechar nada. Le dije que no creía en la santidad de Aleksandr Nevskij[2], ni en la de Vladimir el Grande, ni en

---

2. Aleksandr Nevskij (1220-1263), duque de Novgorod, gran duque de Vladimir y de toda Rusia. Santo de la Iglesia ortodoxa, se le atribuyó el mérito de haber procurado siempre la salvación de su pueblo.

Vladimir I (956-1015), príncipe de Kiev, heredó de su padre el dominio de Novgorod. Su conversión al cristianismo abrió a Rusia a la influencia bizantina.

El zarevic Dmitrij (1581-1591), hijo de Iván el Terrible, fue asesinado de niño y canonizado por la Iglesia rusa.

Los dos príncipes, Boris y Gleb, fueron asesinados por su hermano mayor para evitar que fueran sus rivales. Fueron los primeros santos canonizados por Rusia, venerados como *strastoterpcy* («mártires») porque prefirieron morir a defenderse con las armas.

la de del zarevic Dmitrij, ni en la de los príncipes Boris y Gleb, porque estos dos murieron a espada por razones políticas y los primeros no demostraron en absoluto su santidad mientras vivieron.

–Pero no creer en su santidad es el colmo de la impiedad, me respondió el arcipreste.

–No, padre, yo no creo en ella y no creo porque provocaron todo tipo de guerras y violencias.

Me dio la absolución y el sábado santo recibí la comunión, pero al día siguiente me detuvieron por una denuncia suya. Luego me condenaron, me privaron de los derechos civiles y me deportaron como criminal político. Padre, después de mi condena he renegado de la Iglesia y de cualquier clase de cristianismo (el preso derramó algunas lágrimas). Me dolía todo esto, echaba de menos el cristianismo, pero no quiero ni pensar en un cristianismo donde los ministros del altar utilizan la confesión para quitar los derechos y los bienes a sus penitentes. ¡Maldigo ese cristianismo! ¿En qué se ha quedado?, ¿qué han hecho los sacerdotes del sacramento de la Iglesia de Cristo? ¿Acaso Cristo instituyó el sacramento de la penitencia para tutelar los intereses de los emperadores y de los reyes, para exponer a horribles sufrimientos, a la prisión o al penal a hombres que creían hallar en este sacramento el perdón de sus pecados y la paz con Dios? ¡Dios mío, qué terrible es pensar en todas estas cosas! ¿Qué es un cristianismo que se convierte en siervo de los verdugos más malvados e inhumanos de este mundo y de quienes los apoyan? Ahora me es imposible, me es absolutamente imposible entrar en la iglesia y escuchar, ni una sola vez, las oraciones por el piadosísimo zar, por el santísimo sínodo, por el cristianísimo ejército, por la sumisión de todos sus enemigos y adversarios... Preferiría encontrarme en la iglesia un perro muerto que escuchar cómo se santifican semejantes obscenidades.

El preso se calló. Ya no podía más. Luego suspiró y volvió a hablar:

—No se me puede tachar de anarquista, pues acepto la existencia del poder y del gobierno, y no tengo absolutamente nada contra eso. ¿Pero por qué rebajar a Cristo al rango de un siervo miserable, por qué obligarlo a servir a estos canallas, a estos vampiros, a estos tiranos de la humanidad? ¡Y luego están los obispos! Dadles dinero, honores y poder, ¡y entonces adiós Cristo, adiós cristianismo, utopía idealista, locura e ignorancia de los pescadores de Galilea! Y, sin embargo, mi conciencia no está en paz, porque he renegado del cristianismo.

—Hijo mío queridísimo, no debes desesperarte, ten paciencia. Acuérdate de Cristo, que no maldijo al mundo que lo crucificó, sino que oró por él. Nuestras maldiciones de hombres reflejan nuestra impotencia y la debilidad de nuestra fuerzas en las relaciones entre nosotros. Con uno solo de sus pensamientos, Cristo habría podido no solamente aniquilar a sus enemigos, sino transformar el universo en la nada más absoluta. ¿Y qué fue lo que hizo? Pues orar por sus enemigos y no responder al mal con el mal. Aquí es donde radica su fuerza invencible.

—Sí, de acuerdo. Pero mi alma está destrozada, aniquilada... Y reconozco mi culpa ante Cristo.

—Amigo, no sufres por tus ideas políticas, sino por tu fe en el sacramento de la penitencia. Y, por tanto, sufres por la libertad que Cristo nos ha dado a todos.

—¿Es eso posible?, ¿es posible que yo esté sufriendo indirectamente por Cristo?

El detenido inclinó la cabeza y tuve la alegría de ver cómo caían las lágrimas, una tras otra, de sus ojos y se precipitaban en la tierra.

–Siento un extraño consuelo, una luz penetra en mi alma. ¿Es realmente verdad que sufro por la religión?
–Sí, amigo mío, sufres por ella.

Cinco días después de esta conversación vino a verme para enseñarme una carta que había escrito a aquel arcipreste enemigo suyo y guardián de los intereses del gobierno. Esta carta revelaba nobles sentimientos. El preso agradecía reiteradamente al arcipreste su afecto por él. La leí; tenía una fuerza extraordinaria. El detenido me la entregó para que la enviase. Una semana después pidió confesarse y recibir la santa comunión.

A continuación yo me ponía muy contento al ver cómo su rostro estaba cada día más luminoso. No faltaba a ninguna conferencia ni a ninguna predicación, y todos los días de fiesta iba a la iglesia.

Además de la oración común, se ejercitaba también en la oración personal. Recuerdo que en cuaresma se confesó tres veces. A la hora de hablar se volvió muy reservado. Le compré un evangelio en ruso, y lo que más leía eran los discursos de despedida de Cristo. Muchos detenidos sentían por él una especie de veneración.

Un día se dirigió a mí para saber qué pensaba de Lev Tolstoj. Le respondí que si el mundo entendiera el Evangelio como él, sería ya medio cristiano. El preso sonrió, me saludó sin decir nada y se marchó porque era la hora de comer.

Esta figura ha quedado fuertemente grabada en mi memoria. Yo lo estimaba y quería como a un hermano.

Alí, el musulmán

Había otro que era mahometano. No había faltado ni una sola vez a las conferencias ni a la liturgia. En la iglesia rezaba a su manera. Pero, poco a poco, empezó a orar como nosotros los cristianos. Su oración era siempre sincera y fervorosa. Un día me dijo que quería verme para hablar a corazón abierto, como él decía. Se llamaba Alí.

Alí me dijo que le gustaba mucho escucharme cuando en mis discursos a los presos les contaba que fuera de nuestro miserable y pequeño mundo terrestre había una innumerable multitud de mundos, cada uno con un sol con una infinita cantidad de matices de todos los colores.

—Si se pudiera organizar —les decía— una expedición que pasara de un planeta a otro a la velocidad de un rayo de sol (el rayo de sol corre a 200.000 kilómetros por segundo), y si esta expedición viajara a través del mundo durante cien millones de años, no haría sino ir de sorpresa en sorpresa, porque siempre descubriría partes del mundo aún sin explorar. Y si todos esos mundos estuvieran habitados como el nuestro por seres racionales, los habitantes de esta infinidad de mundos no podrían tener una religión superior en santidad o en perfección moral a la religión cristiana.

A Alí le habían conquistado estas palabras y una vez me preguntó:

—Si el cristianismo es una religión tan santa y perfecta que no existe en todo el mundo otra mejor, cuando nos muramos ¿tendremos la misma fe que los cristianos? ¿Dónde quedará entonces nuestro profeta Mahoma?

—Mi buen Alí, vuestro Mahoma será recompensado según sus obras y no creo en absoluto, mi querido amigo, que Dios lo condene. Dios es el verdadero Padre de los hombres y el creador del universo, y ama a los hombres. Su gracia, su providencia y su solicitud llegan a todos, a todos les da la vida, los alimenta, los hace crecer y, finalmente, los premia según sus obras.

—Padre, nuestro *mullah* nos dice, sin embargo, que sólo se salvarán los mahometanos y sólo ellos encontrarán a Dios después de su muerte y que todos los demás, judíos, cristianos y chinos, irán con Satanás.

—Querido Alí, ¿estás casado?

—Sí, tengo tres mujeres.

—Pues bien, dime, Alí, si cada una de tus tres mujeres te diese un hijo, y dos o tres de ellos nacieran ciegos, ¿tú crees que los reconocerías como hijos tuyos?

—Por supuesto que sí. Todos ellos serían hijos míos, y como padre suyo los amaría a todos, y a los ciegos más que a los demás.

—Pues Dios también nos ama a todos, sin distinción de raza o religión, con un amor tan infinito que nuestro amor más grande, comparado con el amor de Dios, sería un bloque de hielo junto al sol.

Al oír estas palabras, Alí alzó sus brazos al cielo en un gesto de oración. Luego las puso sobre su cabeza y dijo lentamente:

—¡Por Alá! ¿Es esto lo que enseña el cristianismo?

—Sí, le respondí.

—Espere, espere todavía un poco, padre, que todavía deseo hacerle otra pregunta. ¿Por qué vosotros, los cristianos, no sois mejores que nosotros? Nosotros no bebemos aguardiente, mientras que vosotros, incluidas las mujeres, os dedicáis a beber. Nosotros somos más justos y fieles que vosotros, pues casi todos sois crueles, desleales, mentirosos y traidores. Nuestras mujeres no llevan una vida tan licenciosa como las vuestras. Casi todas vuestras mujeres, sobre todo las que viven en la ciudad, aunque están casadas se entregan a otros hombres y hacen el mal sin avergonzarse. Nuestros *mullah* no se emborrachan ni blasfeman, mientras que vuestros sacerdotes, perdone la expresión, se emborrachan como puercos. ¿Por qué os comportáis así?, ¿por qué no seguís vuestra fe cristiana?

La verdad es que yo no tenía mucho que decir.

—Alí, tú sabes que todos los hombres son libres y autónomos y, por tanto, cada uno se porta como le parece.

—No, padre. Sólo las bestias, los animales o los pájaros pueden vivir así. El hombre debe poner a Dios sobre todo lo demás. Creo —continuó— que Dios es más libre y autónomo que el hombre y sin embargo no peca. Él sabe que es Dios. Y el cristiano no debe pecar desde que sabe que es cristiano. Padre, déme su Evangelio en tártaro o en turco. ¿Lo tiene en estas lenguas?

—Sí, le respondí.

Me despedí del musulmán y en la ciudad le compré, en la Sociedad bíblica, un evangelio en tártaro y se lo hice llegar ese mismo día a través de un alumno de la escuela de misiones.

Volví a la prisión para organizar reuniones con los detenidos y vi que no estaba Alí. Dos días después celebré la misa y vi que tampoco estaba. Esto me preocupó, pero nada le quise preguntar al vigilante. La semana siguiente volví a la prisión con el padre Iván, un sacerdote buriato. Miré por toda la iglesia, pero de Alí no había ni rastro. Sólo un mes después volvió a la iglesia y oraba como los musulmanes. Vino a verme después de misa y me preguntó:

—Padre, ¿podré confesarle mis pecados?

—Por supuesto, le respondí.

—Entonces, quiero confesarme.

Llorando a lágrima viva, el preso me confió sus pecados. Al final suspiró y dijo:

—Me gusta mucho la doctrina de Cristo. Creo que pronto seré cristiano.

—No, mi querido Alí, espera un poco antes de recibir el bautismo e intenta vivir durante un mes entre los detenidos como enseña el Evangelio.

—Bien —me contestó—, viviré, pues, como cristiano. Si alguien me ofende y me provoca, rezaré por él. Daré todo lo que tengo. Serviré a todos. Jamás montaré en cólera. Amaré a todos y haré las paces con todos mis compañeros de prisión. Llevo ya dos meses litigando con ellos. ¿Está usted seguro de que no debo bautizarme ahora?

—Estoy seguro. Espera un poco, Alí, querido mío.

Salió de la iglesia para ir a su barracón.

Pasó un mes, pasaron dos meses y no volví a ver a Alí. Pero un día, mientras celebraba las vísperas, lo vi de pie en la iglesia. Esperó a que terminara la liturgia:

—Padre —me dijo muy serio—, quisiera confesarme otra vez.

—Bien, le respondí.

Y Alí hizo una confesión general de todos sus pecados desde que era niño. Al terminar, se levantó y dijo:

—Pronto seré cristiano. Desde que empecé a vivir según el Evangelio, han desaparecido todas mis penas y pesares. Ya no quiero más que amar a todos los hombres y hacer el bien a todos.

Lo bauticé al mes siguiente.

El cleptómano

El noveno detenido era un hombre bien agraciado e instruido. Tenía un vicio, la cleptomanía, que lo desesperaba. Me decía:

—¡No puedo vivir sin robar! He llorado muchas lágrimas de desesperación, igual que un niño. ¿Qué puedo hacer? He ido a todos los médicos, he seguido los consejos que me daban, pero todo eso no me ha servido para nada. ¿Qué puedo hacer ahora?

—¿Oras al buen Dios?, le pregunté.

—No. Hace ya diez años que no pongo los pies en la iglesia, que no me confieso ni comulgo. Y durante todo este tiempo tampoco he rezado.

—Amigo mío, pide al director de la prisión que te meta durante algún tiempo en la celda de aislamiento. Te iré a ver todos los días y rezaremos juntos.

—Pero me da vergüenza decirle eso al director. No me entenderá y se burlará de mí.

—¿Por qué se va a burlar? ¿Es que la prisión no es, por su misma finalidad, un lugar de penitencia?

—Sí, eso es verdad, pero...

Me di cuenta de que un falso amor propio era lo que le impedía, por ser un intelectual, hablar de oración al director de la prisión y pedirle que lo encerrara por eso. Entonces fui y le propuse otro medio.

—Está bien —le dije—. Entonces, ven al presbiterio durante la liturgia, ponte en una esquina y arréglatelas para rezar.

Aceptó. Tras asistir así a tres liturgias, vino a confesarse y a comulgar.

Cinco días más tarde lo volví a ver en la prisión. Al comprobar que entraba en la iglesia, me siguió. Apenas había llegado al presbiterio y estaba a punto de descubrir el altar, cuando oí el golpe de algo que había caído a mis pies. Me volví y vi en el suelo a mi joven Adón que, entre lágrimas, me daba las gracias. Desde aquel día se encontraba completamente aliviado. Se podría decir que su alma se había liberado de un peso enorme. Me arrojé a su cuello y lo abracé. Era feliz por él. Cuando se levantó, la sangre había acudido a su rostro y las lágrimas había dejado en él una delicada huella. ¡Qué feliz era en ese momento! Era como un ángel bajado del cielo. Al menos esa fue la impresión que tuve.

El hereje

Este detenido era un hereje ruso. Durante todo el tiempo de mi última estancia en esta prisión participó en mis conferencias espirituales y no faltó ni a una sola liturgia. Se ponía muy contento cuando oía que les decía a los presos que debían conformar su vida a las enseñanzas del Evangelio. Se agarraba a una idea que yo había expresado en una predicación en estos términos:

–Queridos míos, Cristo se sometió para salvarnos a todas las leyes de la vida humana, menos al pecado, para demostrar con toda claridad su amor por nosotros. Pues bien, si nuestro maestro se humilló en su vida terrena hasta convertirse en uno de los seres más pobres de la humanidad, Él, el Dios que asumió nuestra naturaleza humana y se sometió a todas sus leyes menos –lo repito otra vez– al pecado, ¿no deberemos nosotros, considerando su amor infinito, no tener en cuenta no sólo a nuestros padres, a nuestra mujer, a nuestros hijos, a nuestras riquezas, sino hasta nuestra propia vida para estar junto a Él? Queridos míos, os invito a que arrojéis vuestros pesares, vuestros sufrimientos y vuestros tormentos en las olas de vuestro amor a Cristo. Por Cristo se puede renunciar a todo, hasta a la propia vida. Él es nuestro consuelo, nuestra resurrección, en Él es donde nos encontraremos a nosotros mismos.

Estas palabras conmovieron al preso hereje, que me invitó a ir a verlo a su celda. Cuando fui, se alegró mucho de mi visita. Me dijo que me sentara en la mesa junto a él. Sacó de un bolsillo grasiento un evangelio, lo abrió por el capítulo cuarto del *Evangelio de Juan*, me señaló el versículo veinticuatro y me dijo que lo leyera.

–Padre, por amor de Dios, explíqueme este versículo. ¿Qué significa: «Dios es espíritu y quienes lo adoran han de adorarlo en espíritu y verdad»?

–Hijo mío, hijo querido –le respondí–, significa que toda la existencia de un cristiano creyente debe estar embebida en el Espíritu como la de Cristo, nuestro Dios, y que la vida del cristiano debe ser tan pura y piadosa, que no la puedan seducir ni la mentira, ni el engaño, ni la tentación. La vida del cristiano debe ser la vida misma del Hijo de Dios, que es la única verdad en el sentido pleno de la palabra. El día que encarnemos en nuestra vida esta vida divina de Cristo, ese día adoraremos en verdad, es decir, haremos perfecta nuestra adoración como hijos de Dios. Nuestra verdad consiste en ser cada día más hijos adoptivos de Dios.

Mientras decía estas cosas miraba al hereje y vi que lloraba a lágrima viva, mojando con sus lágrimas las páginas de su evangelio.

–Padre –me dijo entre lágrimas–, ¿por qué los sacerdotes no predican estas cosas? Si ellos nos enseñaran a comprender bien el Evangelio, nuestra vida cambiaría. Yo le he escuchado en más de una ocasión y he visto también más de una vez cómo trata a los detenidos, y siempre me ha impresionado. Porque usted no hace ninguna distinción entre los seres humanos; tanto si se trata de presos como del director de la prisión, a todos los trata usted del mismo modo. Nos impresiona y se nos saltan las lágrimas cuando vemos que vienen a hablar con usted, a escucharle y a conversar libremente tanto el preso ruso como el buriato, el chino, el musulmán, el hereje, el ortodoxo, el luterano, el judío y el católico. Para usted todos son iguales y usted es para ellos un verdadero hermano, un hermano común. Esto es lo que nos gusta. Pero ahora quisiera hacerle unas preguntas para que me responda.

–De acuerdo, contesté.

–En nombre de Cristo, dígame, ¿la guerra es pecado?

–Sí, creo que es pecado.

–E iniciar un proceso ¿es pecado?

–Sí, según la enseñanza de Cristo, la guerra y los procesos deben ser desterrados de la vida cristiana.

–¿Y el divorcio? –me preguntó.

–Según la doctrina del Salvador, el divorcio no debe existir en la vida cristiana.

–¿Y el gobierno?

–Para el hombre natural, es decir, para el que no es cristiano, es la regla suprema de la vida social. Pero, para el cristiano, es una materia bruta mediante la cual los discípulos de Cristo deben sentar, con su predicación y ejemplo, las bases del reino de Dios en la tierra.

–Lo que pasa es que –dijo el detenido hereje– he estado buscando a Dios desde mi más tierna infancia. Pero todavía hoy sigo mirando a mi alrededor y no lo encuentro en ningún sitio.

–Querido amigo –le dije–, si no encuentras a Dios en ti mismo, no lo encontrarás en ninguna parte. Lo primero que hay que hacer es buscarlo en uno mismo. Y si no está, entonces hay que destruir la vieja vida que hay dentro de uno mismo y comenzar otra donde Dios tenga sitio. Dios existe fuera de nosotros, pero solamente se da a conocer dentro de nosotros. No existe otro medio para conocer a Dios.

–¡Qué hermoso es todo esto! Es verdad. No se puede conocer profundamente a Dios si no se vive la vida de Cristo.

–Claro, le respondí.

—Padre, entonces, ¿por qué nadie o casi nadie vive la vida de Cristo? ¿Resulta tan difícil, o incluso imposible, vivirla?

—Nuestra vida debe estar completamente penetrada por Cristo, y para eso lo primero que tiene que hacer el hombre es tomar la decisión libre, y también definitiva, de seguir a Cristo. Por muchos que sean los males con que os amenace el mundo, vosotros, los hombres, debéis decidiros a seguir de una vez por todas la doctrina de Cristo sin mirar atrás. Y si por esta doctrina arriesgamos tener que ir al exilio o a la cárcel, o sufrir la opresión y la muerte, pensad que no son más que etapas, son el sanedrín, Pilatos, Anás y Caifás que defienden sus intereses terrenos y que insidian a los discípulos de Cristo. Pero todas estas cosas no os deben atemorizar ni meter miedo, sino que deben ser para vosotros motivo de gloria y de glorificación de vuestro Señor.

El preso se echó a llorar de alegría.

—Mire, padre, mi alma rebosa de alegría con sus palabras. Ahora, permítame que sea sincero con usted. Un tiempo fui ortodoxo, pero después dejé la Ortodoxia. Vivía en mi pequeña ciudad. No era muy rico, pero me iba bien. Durante siete años pertenecí al consejo de mi parroquia. Nuestra iglesia tenía dos sacerdotes, un diácono y dos lectores. El párroco era muy avaro y le gustaba el dinero. Al otro sacerdote le gustaba beber y, como era viudo, se permitía de vez en cuando frecuentar las mujeres. El diácono, que estaba muy orgulloso de su voz, vaciaba adrede un frasco antes de cada misa. De los lectores no hay nada que decir, porque eran sobrios y llevaban una vida de fe. Pero casi todas las fiestas reñían en la iglesia, se reprochaban e injuriaban, y algunas veces incluso llegaban a las manos. El diácono tenía una familia numerosa. Su mujer venía a veces a llorarnos a lágrima viva. Yo alimenté prácticamente a sus seis hijos. También le daba leña, pan, sal, casi todo lo necesario, pero el diácono me devolvió mal por bien. En cuanto a los sacerdotes, ellos son los que han arraigado este mal en mi corazón. Padre, ¿sabe usted lo que hicieron? Instigaron al diácono para que me matara. ¿Y por qué? Con el pretexto de que yo le prestaba esos servicios porque convivía con su mujer. Mire, padre, tengo mujer y nunca he tenido mala intención, pero los otros convencieron tan hábilmente al diácono, que empecé a tenerle miedo. Una noche que estaba borracho y calado, se puso a llamar a mis ventanas. Yo salí y lo golpeé con tanta violencia que se cayó al suelo y se precipitó en un pozo. Cuando lo sacaron ya estaba muerto. Me condenaron a ocho años de trabajos forzados. Los sacerdotes, en vez de defenderme, testificaron contra mí. Entonces fue cuando renegué de la fe ortodoxa. ¿Sigo con mi relato?

–Sigue, le contesté.

–Padre, tengo que decir que los herejes son los que más buscan a Dios. Quieren vivir personalmente toda experiencia religiosa y penetrar con todo su corazón la vida cristiana. Es cierto que no tienen eucaristía ni sacerdocio, pero seamos sinceros, ¿no es verdad que, a pesar de la eucaristía y de la legitimidad de su sacerdocio, los ortodoxos tienen una vida religiosa incomparablemente inferior a la de los herejes? La Ortodoxia no tiene vida ni futuro. Es verdad que los herejes se han alejado de la Iglesia ortodoxa, pero al menos no se van al paganismo, no se salen del ámbito del cristianismo. Sin embargo, casi todos los ortodoxos han caído en el espiritismo, unos en la teosofía, otros en el materialismo vulgar o científico, y el cristianismo les aburre tanto que la simple lectura, la lectura del Evangelio, hecha por un sacerdote en la iglesia les hace bostezar, y mientras dura la predicación se salen todos de la iglesia. Padre, se mire a donde se mire, no hay más remedio que alzar los hombros de desesperación. Si existe alguien completamente decidido a buscar la salvación de su alma, a vivir según la doctrina de Cristo, se le deja hacer, pero la Iglesia le sirve de poco porque no le puede ofrecer ejemplos vivos.

Hace tres años se descubrieron las reliquias de san Serafín[3]. Todos escriben, todos hablan, todos gritan: Mirad, en la Iglesia ortodoxa y sólo en la Iglesia ortodoxa hay reliquias sagradas. Sólo ella ha tenido alguien como Serafín de Sarov... Todos los ortodoxos piadosos se alegraron y miles de peregrinos acudieron al eremitorio de Sarov. Por entonces yo era todavía libre y recuerdo todo lo que se escribía sobre sus milagros, sobre sus curaciones y sobre otras muchas cosas. Pero no hubo ni un solo sacerdote, ni un solo predicador, ni un solo escritor religioso que dijera que las reliquias de san Serafín no se habían descubierto para curar las enfermedades del cuerpo, sino para que vivamos, para que amemos a los que están en la cárcel, para que amemos a nuestros prójimos y a nuestros enemigos tal como vivió san Serafín, tal como él amó a Cristo y a sus enemigos. No, esto nadie lo ha dicho. Además, sería mejor que las reliquias de este santo no estuvieran tan en contacto con el oro, ese oro maldito. Que las reliquias sean eso, pura y simplemente reliquias. ¿Por qué organizar con los santos y en

---

3. Serafín de Sarov (1759-1833) es una de las grandes figuras de la espiritualidad rusa. Después de su ordenación sacerdotal, abandona el monasterio de Sarov y se retira a la floresta, donde vive durante diez años en una cabaña. Tras este tiempo de soledad, empieza su vida de *staretz* acogiendo a los que acuden a él. A cada uno lo saluda diciéndole: «Mi alegría», y anunciándole: «Cristo ha resucitado». Enseñaba que el fin de la vida cristiana es la adquisición del Espíritu santo. Serafín de Sarov es uno de los santos más amados y venerados por los rusos. Es el icono clásico de la santidad rusa, algo parecido a lo que es Francisco de Asís en Occidente (cf. I. Goraïnoff, *Serafín de Sarov*, Sígueme, Salamanca 2001).

torno a ellos el tráfico de su santidad? Este santo se pasó toda su vida amando profundamente la pobreza, el ayuno y la misericordia... Y ahora que ya se ha muerto, cuando ya lleva descansando algunos años en la tierra, resulta que se convierte en un objeto de comercio en manos del clero, en un lugar privilegiado para la construcción de monasterios y de casas tan grandiosas de hospedaje, que se pueden equiparar por su esplendor a los palacios imperiales. ¿Podemos hallar y vivir una vida espiritual en soledad en estos palacios llenos de cruces y de campanarios? En todas partes pasa lo mismo en vuestras liturgias y en vuestra Iglesia ortodoxa. Así es como veo la vida de los ortodoxos de nuestro tiempo.

He de admitir que el detenido hereje tenía razón en muchos puntos y que no se le podía objetar absolutamente nada. Seguimos dialogando y deplorando de común acuerdo que ya no quedaba en la tierra ningún cristianismo auténtico. Y luego decidimos empezar por nosotros mismos, por nuestra vida; decidimos pasar de la senda ancha a la senda estrecha, a la senda de Cristo.

A pesar de todo el escepticismo que me mostraba este hereje respecto a la Iglesia ortodoxa, quiso confesarse y comulgar. Luego me dijo muchas veces que sin este sacramento es imposible ser cristiano. Debo decir que este detenido era uno de los más religiosos de toda la prisión de Čita.

He trabajado mucho con los presos. He visto pasar muchos delante de mí y he tenido la alegría de gozar de un enorme afecto por su parte, puede que más que cualquier otro capellán de prisiones. He de decir que, en general, son pocas las personas a las que los detenidos abren su corazón. Por lo que a mí respecta, me apreciaban, y por lo mucho que me apreciaban hablaban conmigo y me confiaban sus secretos.

El sacerdote ladrón

El undécimo era el sacerdote Pëtr G. Había sido párroco de ciudad y su obispo le apreciaba mucho. Era viudo. Había recibido los cursos para misioneros en Kazan. Sinceramente, como misionero no valía gran cosa, pero como simple sacerdote lo hacía bien. Esta función le iba a su medida. Asistía a menudo a las procesiones y algunas veces se le mandaba a predicar aquí o allá. Le gustaba la senda ancha, era muy hospitalario y solía aparentar aires de grandeza. Si iba en coche por la ciudad, nunca dejaba de dar un rublo o dos en vez de treinta *kopeks*. Siempre se alojaba en casa de judíos, nunca de rusos. Le agradaba que lo tratasen con respeto. Durante la guerra ruso-japonesa fue secretario de alguna asociación a favor de los heridos. Lo he visto a menudo con los miembros del consistorio diocesano o en el hospital. No era muy inteligente, pero nunca se dejaba coger por sorpresa. Recurría a toda clase de astucias y disimulos, se hacía el simpático y ofrecía de beber a quien le convenía. Durante la revolución, se adaptaba a las circunstancias del modo más ventajoso para él: hoy rabioso hombre de derechas, mañana de extrema izquierda, pasado mañana sacerdote al margen de todo partido. La administración diocesana lo eligió como secretario de la Asistencia a los huérfanos. Cuando llegó la hora de controlar las cuentas, invitó a una comida a los que debían verificarlas y todo fue de maravilla. Unos ocho meses después el presidente de la Asistencia pasó casualmente por delante de la tesorería y se encontró con el tesorero. Este le dijo que había sido informado de que el Sínodo había enviado ya, a la dirección del presidente, el resto del último crédito, varios miles de rublos. Esta noticia sorprendió al presidente, que no sabía nada.

—¡Cómo! —gritó el tesorero fuera de sí—. ¡Usted ha recibido ya unas decenas de miles!

El presidente le preguntó:

—¿Quién es el que ha recibido estas sumas?

—Su secretario, que traía una delegación suya, firmada de su mano.

—Le digo rotundamente que no, señor tesorero, no sé absolutamente nada de lo que me dice, respondió el presidente aterrorizado.

El tesorero lo llevó a su oficina, le enseñó las procuras para recibir el dinero en su nombre, las cartas con los nombres de todos los miembros del comité, la firma personal del presidente y las de los demás miembros. Cuando el presidente vio todo eso y se convenció de la falsedad que había cometido su secretario y encargado de negocios, se quedó de una pieza y corrió furioso a toda prisa a decírselo al obispo. Este advirtió a su vez al procurador y el asunto siguió su curso.

Cuando detuvieron a este sacerdote, por miedo o para ganarse con su arrepentimiento la indulgencia del tribunal, escribió al procurador una carta excusándose. En ella, junto a su crimen actual confesaba también otro. Reconocía haber robado ciento veinte mil rublos en el hospital donde había trabajado como secretario y administrador. ¡Hay que ver el dominio que tenía en este tema! Al llegar a la cárcel, sus compañeros supieron lo que había hecho y decidieron jugarle una mala pasada. Oí decir que le arrojaron un cubo lleno de excrementos.

Le condenaron a siete años de destierro en las provincias de Enisej.

Más tarde sucedió que, en el lugar donde se había establecido, se enamoró de una joven judía y quiso irse a América con ella. La verdad es que yo no puedo juzgarlo. Para una persona tan joven, una pasión así no podía ser sino la consecuencia de su estado de viudez y lo mejor es compadecerlo. Joven, guapo y lleno de energía, ¿por qué impedirle que se casara por segunda vez?

Podría haber sido un sacerdote ejemplar. Lo sabemos muy bien: ¿quién de nosotros, incluso entre los monjes, está sin pecado? Por lo que a mí respecta, siempre me dio pena del padre Pëtr.

El estudiante terrorista

Vanja Botcarov era un orgulloso estudiante de Instituto de diecisiete años. Su padre era un deportado, pero también un hombre de fe, muy religioso. Tenía muchos hijos y, gracias a su extraordinaria habilidad en toda clase de especialidades técnicas, regentaba una pequeña fábrica con algunos obreros, pero su especialidad favorita era trabajar el oro. El héroe de nuestra historia, si así se puede llamar, era su hijo mayor.

Al estallar la revolución de 1905, se marchó a Siberia oriental, y allí surgieron de improviso, como hongos, comités socialdemócratas en casi todas las ciudades, se organizaron manifestaciones, se celebraron reuniones políticas...

Vanja era un muchacho extraordinariamente sensible, nervioso y muy violento. Una vez me encontré con él en la calle, me saludó y me preguntó:

—Padre Spiridón, ¿qué le parece?, ¿vale la pena que entre en un partido revolucionario?

—No lo sé, querido Vanja, pero mejor no lo hagas.

—¿Por qué?

—Pues porque creo que te va a traer problemas.

Durante bastante tiempo seguimos hablando muchas veces sobre el tema. Tres meses después de esta conversación me enteré repentinamente de que Vanja había matado de un tiro de pistola al jefe de policía de Čita.

Los soldados le persiguieron y él se refugió en la fábrica de su padre, y desde allí arrojó una bomba contra ellos. Una esquirla de esta bomba le destrozó, creo que la mano izquierda, y tuvo que estar varios meses en el hospital. Cuando se curó, lo encarcelaron. Allí permaneció algún tiempo y luego el tribunal le condenó a la pena capital por ahorcamiento.

Un noche, hacia las cuatro de la mañana, invitaron a su padre, a su madre, a sus hermanas y a sus hermanos a darle el último saludo. También estaba allí presente el padre Jakob, un monje de la casa episcopal de Čita. Los padres lloraban desesperadamente. Vanja abrazó a sus padres y hermanos y les dirigió estas palabras:

—¡Queridos padres, queridos hermanos y queridas hermanas! Creo que dejamos esta vida terrena por otra vida. Si en el otro mundo me condenan, me justificaré valerosamente. Aportaré pruebas, diré que ese que maté era un provocador. ¡A cuánta gente habría mandado aún al penal! Yo soy el último que sufre por su causa. Yo le maté y ahora él me ahorca, ¡pero cuánta gente se ha salvado a este precio! Os pido que no lloréis.

El padre Jakob le propuso que se confesara y comulgara, pero dijo enérgicamente que no, y mirando con cólera al sacerdote, sentenció:

—¡No me moleste en mis últimos instantes!

Luego se subió a la silla, se pasó la cuerda alrededor del cuello, quitó de un golpe la silla con los pies, osciló varias veces de un lado para el otro, y unos minutos después echaron su cuerpo en la carreta.

Habían prohibido que se celebrara por él ningún tipo de ceremonia fúnebre, pero se consiguió encontrar un sacerdote para celebrar la misa durante la noche.

4
La penitenciaría de Nerčinsk

El apóstol de las prostitutas

En la penitenciaría de Nerčinsk había un detenido que merece especial atención. Era un santo. Ahí va lo que me contó:

—Padre, yo era un hombre rico. Perdí muy pronto a mis padres y quedamos una hermana y yo. Pero también ella murió a los catorce años de tifus y me quedé solo. Mi tutora fue mi tía, hermana de mi madre. Por naturaleza, yo era muy sensible al sufrimiento de los demás y no podía ver las privaciones y las lágrimas de los hombres y quedarme tan tranquilo. Un día me desperté y oí que mi tía hablaba con alguien. Sus palabras eran interrumpidas a veces por sollozos. Yo tenía mucha curiosidad. Diez minutos después, silencio absoluto. Me levanté de la cama, me lavé, me vestí y fui corriendo hasta mi tía. Me saludó. Yo no pude contenerme y le pregunté:

—Tía, ¿con quién y sobre qué estabais hablando hace poco?

—Mira, Vanja, se ha ahogado la pobrecilla que querías conocer. La han sacado esta mañana del estanque de la ciudad.

—¿Pero, tía, qué me dices?, ¿esa pobrecilla que quería venir a verme?

—Sí, esa, esa.

Fui inmediatamente al sitio donde la habían sacado del agua; estaba aún en el suelo. Allí se encontraba el comisario. Lo saludé porque lo conocía. No era capaz de mirar a la pobre muchacha, me daba mucha pena. El comisario me dijo:

—Escucha, Iván Ivanovič, acabo de encontrar en un bolsillo suyo una nota en la que maldice a todo el mundo que la ha obligado a tirarse al estanque porque no tenía para comer. Era una prostituta y, por lo que sé, hace poco más o menos un año que se dio a esta vida.

No pude seguir allí. Las lágrimas regaban mi rostro y empecé a sollozar, pues sentía una pena infinita. Desde ese día decidí ayudar a esas pobres criaturas. Iba por las posadas, les daba dinero y rescataba a algunas de ese pantano que se las tragaba. A otras las vestía, las alimentaba y las cuidaba. En seguida me empezaron a conocer y acudían a mí por decenas. Dios es testigo de que nunca me dejé seducir por estas mujeres. Al contrario, sentía por ellas una piedad infinita. A noventa y dos de esas infelices les di una pequeña dote para que se casaran, me hice cargo de unas trescientas, me ocupé de los funerales de unas diez, y todo siempre a mi costa. Quería construirles con dinero mío un hospital, una casa de reposo y un hospicio para las ancianas enfermas. Pero entonces me ocurrió esta desgracia. ¿Quién tiene la culpa? Aún no he logrado saberlo —el encarcelado se echó a llorar—. Hacia las diez de la noche vuelvo del teatro ¿y qué es lo que me encuentro? ¡A una de estas muchachas desgraciadas encima de mi cama con las entrañas abiertas! Me entró tanto miedo que no podía ni moverme. Luego denuncié el caso a la policía. La policía me conocía bien por mi interés por estas infelices, pero muchos de los que regentaban esas casas se alegraron grandemente de la desgracia que me había sucedido. Me procesaron, me juzgaron culpable de asesinato y me condenaron a doce años de trabajos forzados.

Mi querido padre, no existe nadie que suscite más piedad o que merezca más la compasión de Dios y de los hombres que estas infelices muchachas. Doy gracias a nuestro Señor por haber tenido que sufrir, le doy gracias justamente por haber podido sufrir por ellas. Pero a mi alegría se le viene a añadir otra más, y es que mi tía ha vendido todos mis bienes y ha empleado el dinero en rescatar a estas desventuradas criaturas. Querido padre, no hay nada más doloroso, no hay nadie en el mundo que necesite más de la caridad cristiana activa que estas mujeres caídas.

Estoy más convencido que nunca de que son mártires que sufren, y de que Cristo las perdonará antes que a los demás. No puede hacerse una idea de las veces que pasan hambre o que no tienen ni camisa ni falda. La mayoría son huérfanas, arrojadas a la calle por la miseria. Y por un trozo de pan venden su cuerpo y también venden su alma. Si ve que algunas de ellas son vulgares, malvadas, desvergonzadas o tremendamente cínicas, sepa usted que son así porque para ellas todos los hombres son unos tiranos, unos malhechores y unas bestias sanguinarias que las destrozan con sus pasiones. Tras haber saciado su pasión, es frecuente que los hombres les peguen, las maltraten de todas las maneras y muchas otras cosas.

¡Si supiera lo dulces, humildes y sumisas a su destino que son muchas de ellas y cómo van al matadero como unas pobres ovejas! Un matadero que es su propia vida y que se transforma en un cuchillo afilado para robarle a su existencia decenas de años. Esto es, padre, lo que son las prostitutas.

El detenido terminó aquí su relato. Yo callaba y él también permanecía en silencio. Unos minutos después suspiré y alcé los ojos hacia él. Entonces vi que su rostro brillaba a causa de no sé qué alegría interior. Lo abracé y le dije:

–Mi querido amigo, lleva hasta el final tu pesada cruz. Llegará un día en que esa joven te justificará ante el justo Juez. Y no sólo eso, sino que pondrá en tu cabeza la corona resplandeciente de la inmortalidad.

Me saludó y lo dejé. Pero en mi corazón llevaba el peso de este relato, una impresión a la vez dulce y penosa.

El libertino disoluto y homicida

Cuando empecé a recitar vísperas en la cárcel, se me acercó el detenido que hacía de sacristán y me comunicó que un preso deseaba verme después de la oración. ¿Qué debía decirle? Le respondí que le dijera que lo recibiría. Al terminar las vísperas, ese preso se quedó esperándome en la iglesia. Le invité a entrar en el presbiterio.

–Padre, le escuché ayer y esta mañana he venido a preguntarle si puede confesarme. Soy luterano y quiero confesar ante Dios todos mis pecados, para que ninguno de ellos pese en mi conciencia y para no tener nada escondido ante Dios.

–Bien, amigo mío, le respondí. Sólo te pido una cosa: que en los tres próximos días vayas a la iglesia y ores a nuestro Señor. Después ven a confesarte.

–Aunque soy luterano, creo en Cristo y lo adoro como Dios.

–Está bien, amigo mío. La fe en Cristo es nuestra vida.

–Padre, le ruego poder hablarle abiertamente.

–¡Por supuesto! Me alegraré mucho.

–Usted ha dicho que la fe en Cristo es nuestra vida. Pero si nos fijamos en la vida de cada día… ¡es todo lo contrario! Esta vida nos dice que la fe en Cristo es la muerte, y por eso los hombres no viven esa vida. Si el mundo se pusiera a vivir hoy la vida de Cristo, esa vida condenaría nuestra vida actual, con todas sus riquezas y cultura, a una muerte eterna. Y claro, si esto es así, respecto a nuestra vida Cristo nos trae la muerte. No debemos sorprendernos si el mundo entero crucifica hoy a Cristo. Y para no hablar de los demás, le contaré algo de mí. Yo pertenecía a la clase media y he recibido una educación secundaria. Parece que lo lógico era que viviera alabando al Señor, pero escogí la senda ancha. Aunque estaba casado y tenía una mujer estupenda, me dediqué al vicio. Al principio le ocultaba mi conducta a mi mujer e intentaba por todos los medios borrar sus huellas, pero luego no logré esconderme y se enteró de todo. Y no sólo lo supo, sino que me pilló in fraganti. Al principio estaba muy enfadada y me insultaba, luego se acostumbró a mí y a mi vida disoluta; pero desde el día en que me pilló in fraganti, ya no quiso convivir conmigo. Sin embargo, llegó un momento, padre, que me disgustaba tanto ese tipo de vida que empecé a detestar a las mujeres.

Un día me encontré con una de mis amigas y me dijo que estaba embarazada. Me asusté. ¡Vaya, me decía, ahora estoy en apuros, ha llegado el momento de ponerse en guardia! Cuatro días después de decirme esto, me volví a encontrar con ella a la orilla del río. Paseamos durante mucho tiempo, seguramente hasta las dos de la mañana. Allí pequé con ella e inmediatamente después empecé a detestarla hasta el punto de que la agarré y la tiré al río. Por la mañana oí que todo el mundo decía que se había matado una muchacha. Todavía no había bebido mi té, cuando me detuvo la policía y me metió en la cárcel. Allí estuve dos meses, y luego me procesaron y me condenaron a ocho años de trabajos forzados. ¡Fíjese adónde lleva el vicio!

Cuando ahora pienso en mi vida pasada, me parece una laguna tan fangosa, que no puedo creer que haya vivido así. ¡No puedo creer que toda mi vida, desde el principio hasta el fin, haya sido un horror como este! ¿Es posible que nuestra vida por su naturaleza, y mi vida en particular sea algo tan pequeño y tan repugnante que nos tengamos que avergonzar, aunque sólo sea del mero recuerdo de nuestro pasado?

—¿No has notado nunca en tus deseos una especie de contradicción?, le pregunté.

—Más de una vez, me respondió el preso.

—Si hubieras dejado que predominara el lado idealista de tus tendencias sobre las que tenías habitualmente y que contrastaban con las primeras, tu vida habría adquirido ciertamente valor.

—Padre, sólo cuando me metieron en la cárcel entré en mí mismo y vi que toda mi vida hasta ese día no sólo me había deformado, no sólo me había quitado a mi mujer y a mis hijos y me había privado de la libertad, sino que también me había desfigurado por completo. ¡Sólo entonces elevé mis gritos a Dios! Entonces comprendí que una vida sin Dios es pura locura, una danza de borrachos, una pesadilla de gente enfebrecida corriendo todos a ciegas, una sucesión de espejismos. Desde ese día empecé a rezar con fervor, he leído el santo Evangelio y, ¿sabe usted?, mi vida es desde entonces más auténtica y más valiosa que antes. Si Dios quiere, cuando pase el tiempo de mi reclusión, decidiré vivir realmente la doctrina de Cristo, traducirla a mi existencia.

Esto es lo que dijo el preso. Llegó el día de la confesión. Duró hora y media. ¡Qué alegría me daba mirarle! El sitio donde estaba arrodillado quedó completamente mojado de lágrimas ardientes. El preso estaba conmovido por los sollozos. Si hubiera visto muertos ante él a su padre y a su hijo predilecto, ese infeliz no habría llorado tan desesperadamente como lo hizo durante la confesión. Dos horas después recibió la santa comunión. Mi alma resplandecía de alegría a causa de él.

Yo me alegraba de que los presos con sus cepos nos precedieran a nosotros, los sacerdotes ministros de Dios, o a los laicos libres en el camino hacia el encuentro de Cristo, que avanzasen por el camino del arrepentimiento para unirse a la fila de sus santos. Hacia el reino de Dios se puede caminar también con cadenas y allí arriba nadie dirá: «¿Qué hace aquí ese criminal con sus cadenas?». Nadie te dirá allí: «¡Eres un preso y estás privado de todos los derechos civiles!».

El reino de Dios se encuentra abierto a todos, pero sólo se puede entrar en él por el camino del arrepentimiento, y no por el de las diferencias sociales o de clase.

Cuando me fui de esa prisión, aquel detenido me saludó desde su ventana llorando y meneando la cabeza.

El asesino que se hizo monje

Me encontré con este recluso en las siguientes circunstancias. En una de las prisiones de la penitenciaría de Nerčinsk había estallado una revuelta entre los detenidos. Estos se habían dividido en dos facciones que se enfrentaron violentamente entre sí. Recibí la orden de ir urgentemente hacia allí, cosa que hice de inmediato. La prisión se hallaba rodeada por soldados. Los presos estaban divididos en dos grupos en el patio. Cuando entré en la prisión y me dirigí a los detenidos, una de las dos facciones me rodeó y se puso a escucharme. Al ver que mis palabras hacían mella en los detenidos, me dirigí a los del otro grupo, enemigos del primero, y les rogué que escucharan también la palabra de Dios, que cesaran todos los actos de hostilidad entre ellos y que hicieran la paz.

En ese momento, un forzado de Sakhalin me respondió con un epíteto obsceno y alzó el puño en tono amenazador. Entonces, abandonando el lugar donde me hallaba, fui derecho hacia él y tal como estaba, vestido con las vestiduras sagradas, me eché a sus pies y exclamé de rodillas ante él:

—¡Hijito mío querido! Estoy de rodillas ante ti. Te suplico que me escuches, que escuches mi humilde oración. ¡Cambia de vida, sé otro hombre! Si tu madre te viese ahora, en este momento, y me viera a mí de rodillas ante ti, no se tendría en pie. Y si ya ha muerto y quizás sólo de dolor por ti, se volvería y revolvería en su tumba.

Con estas súplicas y estas oraciones conseguí mi objetivo. El preso me dijo que me levantara y, junto a muchos otros que estaban alrededor, volvimos al sitio donde estábamos antes y desde allí empecé a predicarles a todos. Cuando acabé, ese mismo detenido me dio su palabra delante de todos sus compañeros de que acabaría con su vida pasada.

Después de todos estos sucesos, esa misma tarde celebramos un funeral por las almas de algunos detenidos e inmediatamente después recitamos las oraciones de la noche. Durante la liturgia pronuncié otras dos predicaciones. Al final, los presos manifestaron su deseo de confesarse y de recibir la comunión al día siguiente. Mi prisionero también quiso seguir el ejemplo de los demás.

A las nueve de la mañana del día siguiente entré en la iglesia y vi a mi recluso. Nada más verme, se acercó a mí y me susurró:

—Padre, no puedo confesarme ni comulgar porque me da vergüenza de mis compañeros.

—Mi querido amigo, atiéndeme hoy igual que me escuchaste ayer. ¿Por qué renunciar a Cristo por un falso temor? Escúchame, mi alegría, confiésate y comulga.

El detenido bajó los ojos y refunfuñó:

—Haré lo que me dice, pero hace ya treinta y siete años que no me confieso. Sólo cuando iba al instituto solía comulgar.

Le llevé al presbiterio y lo confesé. ¡Una confesión conmovedora! Es preciso decir que este detenido había recibido una educación superior. La primera vez que lo metieron en la cárcel lo hicieron sin culpa suya y, tras haber pasado allí tres meses, salió tan quemado que para él no había nada sagrado. Lo deportaron a Sakhalin por homicidio, pero huyó después de algún tiempo. Se escapó de la prisión siete u ocho veces, y cada una de ellas tras un baño de sangre. No tenía piedad ni de los ancianos ni de los jóvenes, no perdonaba a nadie. En muchas cárceles le llamaban el «gran Iván», era el rey de las cárceles. Todos los forzados le obedecían a ciegas. En Sakhalin estranguló con sus manos a algunos de sus compañeros, igual que se mata a las moscas. En esta cárcel también le temían todos los presos y lo respetaban como a su jefe indiscutible. Sólo en la prisión de Sakhalin decretó la pena de muerte para seis compañeros de cárcel, que se suicidaron a la hora que él había establecido.

Después de confesarlo, di la absolución general a un grupo de detenidos que no habían venido a la iglesia la tarde anterior, pero a los que ya conocía por sus confesiones frecuentes, y empecé a celebrar la misa. A continuación de la lectura del santo Evangelio, pronuncié la homilía sobre el amor de Cristo, que perdona al que se arrepiente de sus pecados.

Después de las oraciones de la comunión, fui con el cáliz del Señor hacia los que iban a comulgar, hablé durante diez minutos y empecé a dar la comunión. Llegó el turno de nuestro preso. Y cuando abrió la boca e introduje en ella la cucharilla con las sagradas especies, comenzó de golpe a vacilar, se le llenaron los ojos de lágrimas y le empezó a temblar todo el cuerpo. En cuanto se alejó del santo cáliz, miró el icono del Salvador, extendió hacia el cielo sus largos brazos de gigante y se puso a gritar en voz alta:

–¡Cristo! ¡Cristo!, ¿me has perdonado? ¡Oh, Dios!, ¿me has perdonado a mí, que soy un terrible asesino, un delincuente? ¡Oh, Señor! Soy como una esponja empapada, completamente saturada de sangre humana. He destruido vidas inocentes, he matado a un centenar de personas sin motivo alguno. ¡Cuántas veces he saqueado iglesias! ¡Señor! ¿Y tú me has perdonado? ¡Señor misericordioso! He forzado a mi madre, a mis hermanas, a mis hijos, me he dado a la bestialidad. ¿Quién ha cometido tantos pecados como yo? Y tú, Señor, ¿me has perdonado? ¿No has oído que he blasfemado contra ti durante toda mi vida? Te he maldecido, ¿y tú, tú, Cristo, me has perdonado del todo, sí, del todo? El Señor me ama tanto que no puedo soportarlo, ¡no puedo soportarlo! No sobreviviré a este día. Moriré, esto me hará morir, Señor.

Al ver esta escena sin precedentes, no pude seguir distribuyendo la eucaristía. Me retiré al presbiterio y, apoyando la cabeza en el altar, me eché a llorar de lo nervioso que estaba. En la iglesia, los detenidos rompieron a sollozar y a gritar de tal manera que me parecía que toda la iglesia se había transformado en un ruido que desgarraba el corazón. En la iglesia había también otros fieles, gente venida de fuera y, entre ellos, algunas mujeres tuvieron ataques de histeria.

Terminó la misa y oí un ruido extraño en el patio de la prisión. Me acerqué a la ventana y ¿qué es lo que vi? Mi preso caminaba de rodillas ante sus compañeros, suplicándoles y pidiéndoles que le perdonaran todo. Y se había reunido a su alrededor tal cantidad de detenidos, que todo el patio de la prisión no era más que una gran masa viviente de hombres, y todos, como golondrinas alrededor del nido, giraban alrededor de este detenido. Unos lo besaban; otros, contagiados por su arrepentimiento, se arrepentían a su vez de sus fechorías y maldecían su existencia criminal. Y otros alzaban los ojos al cielo y pedían a Dios perdón por sus pecados.

Mientras comía con el director de la penitenciaría, mi preso se presentó a él y le pidió que lo encerrara durante algún tiempo en una celda de aislamiento. Luego me escribió algunas cartas, y en la última de ellas me decía que ya había cumplido su condena y que se iba al monasterio de san Valaam.

El santo mullah

Este *mullah*, como él mismo me contó, fue deportado por una revuelta en el territorio de Fergan. ¡Este *mullah* era un hombre extraordinario! ¡Cuánta bondad, cuánta fuerza espiritual, qué extraordinaria dulzura he encontrado en él! Vino a verme en la penitenciaría y me dijo:

—Padre, querría hablar con usted.

—Bien, querido *mullah*, ¿en qué le puedo servir?

—Tengo que irme a casa, porque tengo mujer e hijos, y tengo también el *kismisch*. Tengo que irme a casa.

El *mullah* lloraba mientras hablaba y sentí compasión por él en el fondo de mi alma, sobre todo cuando las lágrimas le corrían por su viejo rostro, pálido por los años.

–Me condenaron a siete años de penal. Vivía en nuestro pueblo de Fergan. Era *mullah* y oraba a Dios. Pero hubo una revuelta entre nosotros y me condenaron a trabajos forzados.

Con él estaba también un tártaro, que me contó cómo y por qué habían condenado al *mullah*. Este me daba una pena enorme. Había en él una fuerza espiritual que me atraía como un imán. Me fascinaba hasta lo más profundo de mi alma. Me decidí a preguntarle el motivo de la simpatía que emanaba de él, la razón de su bondad.

Y él me respondió:

–Esta mañana he orado a Dios, a la hora de comer he orado a Dios, esta tarde he orado a Dios, de noche he orado a Dios. He aquí en lo que se ha convertido mi vida. ¡Por dos veces he visto a Alá!

Después de estas palabras, el *mullah* se tapó los ojos con las manos y se echó a llorar. Entonces me di cuenta de que la oración era lo que le había hecho tan bueno y que por dos veces había merecido la gracia de gozar de una santa visión. Lo besé. Cuando el *mullah* salió de la penitenciaría y vino a verme a Čita con el *mullah* de esta ciudad, entonces Dios es testigo de que lo recibí como si fuera mi padre y nos echamos uno al cuello del otro inundándonos mutuamente de lágrimas ardientes. Vino a verme varias veces. Cuando se fue a su tierra, me mandaba todos los años tres o cuatro cartas y en cada una de ellas incluía un pañuelo de seda. En todas ellas me daba las gracias y me invitaba a ir a su casa. Me escribió incluso a Kamenec-Podol'sk. Pero ya hace tres años que no he recibido nada de él. Es muy posible que haya puesto su alma en manos de Alá.

¡Qué hombre tan extraordinario este *mullah*! Su rostro, sus gestos, su mirada revelaban que era realmente un gran hombre de oración ante Dios. Algunas veces vino a verme él solo. Nos mirábamos simplemente a los ojos y orábamos juntos. Su rostro se transfiguraba tanto que yo lo miraba fijamente y deseaba quedarme siempre mirándolo. ¡Que el Señor Dios no lo prive de su gracia infinita! Este *mullah* era un segundo centurión Cornelio, con la diferencia de que este era un militar, un oficial, y aquel era un sacerdote, un *mullah* mahometano.

El que practicaba los abortos

Estaba convencido de ser un gran pecador. Cuando me veía en la penitenciaría no me hablaba más que de sus pecados y temía que sus culpas fueran un obstáculo para la misericordia de Dios hacia él. Aunque encanecido ya por la vejez, por su carácter era como un niño. Con toda probabilidad, la cárcel era la que lo había llevado a ese estado de infantilismo. He aquí lo que me contó:

–Mire, padre, Dios me ha castigado por la vida malvada y depravada que he llevado. ¡Soy un asesino, un asesino! Durante veintisiete años no he hecho más que practicar abortos con un médico. Al principio temía a Dios y en lo íntimo de mi conciencia me reprochaba esta ocupación. Más de una vez hablé de ello con mi mujer y me preguntaba si no debía dejar esta actividad. Mi mujer no era rusa, sino una judía bautizada que no quería ni oír hablar de este tema. En cuanto yo lo sacaba, se ponía a hablar de nuestros hijitos, de su instrucción, del apartamento en que vivíamos y en el que se encontraba tan mal. Decía que era un apartamento pequeño, que teníamos que comprar una casa propia y que teníamos que abrir un negocio en algún sitio de la ciudad. Se ponía a llorar intensamente quejándose de cualquier cosa. Y tú escuchas, escuchas, y luego te encoges de hombros y vuelves de nuevo al mismo trabajo. En todos esos años de trabajo reuní alrededor de treinta mil rublos y el médico doscientos mil. Esto es lo que habíamos amasado con nuestro trabajo. Algunos pacientes nos pagaban hasta quinientos rublos, y otros incluso más.

Una vez me postró en cama un tifus abdominal que por poco no me llevó a la muerte. La enfermedad despertó mi conciencia y prometí a Dios, llorando, que, si me curaba, dejaría esa actividad. Tres meses después me levanté de la cama curado. Pero mi mujer y el médico me obligaron a seguir con el mismo trabajo. Una vez practicamos un aborto a una señora rica que estaba embarazada de seis meses, y cuando el médico puso el feto en la palangana, me entró un escalofrío por todo el cuerpo y me dio tanta pena de aquel pequeño ser todavía vivo, que se me llenaron los ojos de lágrimas.

Cuando el médico y yo nos retiramos de esta profesión tan vergonzosa, no pude evitar preguntarle:

–K. B., ¿puede decirme, por favor, por qué mi conciencia no está tranquila a causa de estos abortos? ¿Sabe usted cuántos gérmenes humanos hemos mandado el otro mundo?

El médico se echó a reír al oírme decir eso que, a su modo de ver, eran solo y exclusivamente prejuicios.

–Bueno, pregunta a tu mujer lo que piensa y verás que te dirá lo mismo que yo. Te tienes por un hombre instruido –dijo el médico– y no entiendes una cosa tan obvia. Si tomas un microscopio, verás una masa de espermatozoides que la propia naturaleza, sin ninguna intervención por nuestra parte, libera a miles y miles, es decir, los condena a una muerte segura. ¿A cuántas de estas pequeñas almas y de estos hombres crees que has eliminado?, ¿qué pinta aquí, pues, la conciencia? El hombre es un conjunto de fuerzas brutas que se han encontrado y han constituido esta o aquella forma según sus elementos constitutivos. Y eso es todo.

Por mucho que el médico intentó persuadirme de que practicar abortos y recibir por ello grandes sumas de dinero era una buena acción, en el fondo de mi alma no le creía. Y no le creía porque toda la *intelligencija*, y sobre todo los médicos, se han negado categóricamente a creer que Dios es el creador del mundo. Me quedé dos horas más con el médico, luego fui a visitar a una paciente mía y desde allí volví a casa. No hice más que entrar, cuando mi mujer se puso furiosa conmigo, agarró un vaso de agua y me lo tiró a la cara mientras me insultaba por todo lo alto. No aguanté esta ofensa, tomé de debajo de la mesa una botella y la golpeé, la golpeé justamente en la sien. Diez minutos después ya estaba muerta. Pensé, pensé durante un buen rato y luego maté también a mi niño, un niño de cinco años. Antes de decidirme a hacerlo, pensé:

–Me enviarán a trabajos forzados… y él ya no tiene madre y se quedará solo.

Decidí, pues, eliminarlo. Me han condenado, no sé por qué, a dieciocho años de trabajos forzados. Mire, padre, cuando me voy a dormir me parece ver una gran concha en forma de lago y de pronto se va elevando poco a poco el fondo de esta concha, un fondo hecho completamente con niños. Uno de ellos apenas acaba de ser concebido, otros tienen solamente un vago aspecto humano y otros están ya formados. Entre ellos están también mi mujer y mi hijito de cinco años. Y todos ellos unas veces me sacan la lengua y otras me amenazan con sus manecitas. ¡Qué pesadilla todas las noches! ¡Mi alma está perdida, está perdida!

El detenido rompió a llorar. Le convencí para que se confesase, comulgara y rezara a Dios lo más que pudiera. Aceptó. Murió seis meses después. Estoy convencido de que su arrepentimiento agradó a Dios.

El musulmán de corazón evangélico

Este detenido era un hombre de edad mediana y de constitución robusta. Un día, durante la confesión de los presos, oigo un ruido de cadenas. Me vuelvo y miro: es un guardia con un preso. Todavía no sabía por qué había venido a la iglesia, cuando oí que me decía:

–¡Padre! ¡Padre! Quiero confesarme. Soy mahometano. Quiero contarle mis pecados.

El preso era persa.

–Bien, amigo mío, te confesaré.

–Pero es que quiero confesarme enseguida. Mi corazón lleva un peso demasiado grande, dijo el recluso.

Lo llevé hacia el púlpito e iba a confesarlo sin imponerle la estola, pero él se dio cuenta y me dijo:

–Pon sobre mí ese trozo de tela que llevas en el cuello.

Le impuse la estola. El persa se puso de rodillas y se confesó con un fervor que ya quisiera para mí en mi confesión cuando llegue la hora de mi muerte. Cuando acabó, el musulmán se levantó, besó la cruz y el santo Evangelio y me dijo:

–Padre, mi alma se encuentra ahora más ligera. Vaya a verme hoy o mañana. Estoy solo en una celda.

Al día siguiente fui a verle. El persa me invitó a sentarme y él, permaneciendo de pie, me dijo:

–Padre, he leído muchas veces el Corán y también he leído vuestro Evangelio. Nuestro Corán ordena combatir a los *gjauri*, a los no mahometanos, mientras que vuestro Evangelio prohíbe pegar a la gente de otra fe, de otro pueblo. Reflexioné, medité durante mucho tiempo y dije para mis adentros: No, Cristo es más santo y ama más a los hombres que nuestro profeta Mahoma. ¡Que la paz sea con él! Pensé así: si mis hijos se portaran mal, me enfadaría, pero si luego cambiaran de comportamiento, me amaran e hicieran lo que les mandara, los volvería a amar y los perdonaría. He comprendido que el Evangelio es más verdadero que el Corán. Hace poco le he contado a Cristo todos mis pecados. ¿Me ha escuchado de verdad?

–Sí, dije yo. Él sabe todo y oye todo.

–Pues mejor que mejor –dijo el mahometano–, mucho mejor que sepa que le he contado todo. Ahora creo que me perdonará. Él mismo dice que es Hijo de Dios y esto es esencial para mí: ¡Me he confesado ante el Hijo de Dios! Ya no volveré a hacer todo el mal que he hecho, pues era un peso demasiado grande sobre mi conciencia. Me pesaba tanto que hasta quería cortarme el cuello.

Entonces le pregunté:

–¿No quieres hacerte cristiano?

–En este momento soy demasiado poco cristiano, pero lo pensaré, oraré a Dios y, si todo va bien, si hay luz en mi corazón, entonces, aunque no me bautice, viviré conforme a la doctrina de Cristo y, si eso no me basta, me bautizaré. Me extraña mucho que los cristianos tengan una religión así y que, sin embargo, vivan de tan mala manera. Nuestra religión musulmana es peor que la vuestra, pero vivimos mejor que vosotros. Vosotros, los rusos, tenéis a Cristo, un Dios tan grande, y vivís como si no tuvieseis ningún Dios. Entre vosotros la gente se emborracha y roba, os maltratáis unos a otros, las mujeres huyen, los maridos toman a las mujeres de los demás, se arroja a la calle a los recién nacidos, los hijos no obedecen a los padres y los padres maldicen a los hijos. Rezáis poco y los sacerdotes litigan con los *mujiks*. ¿Qué significa todo esto? Pues que no sois cristianos. ¿Y por qué? Padre, he oído decir que los que no son cristianos pronto lo serán, y que Cristo alejará de sí a los cristianos. ¿Es verdad?

–No lo sé, amigo mío, le respondí.

Lo saludé y volví a mi alojamiento. Pero en mi alma empezaba a asomar un poco de tristeza. Hasta los paganos nos acusan de no llevar una vida digna de nuestra fe cristiana. ¿Existe algo peor? No, peor que esto no hay absolutamente nada. ¡Puedes meditar todo lo que quieras, pero en tu corazón hay un peso tremendo! Porque, vamos a ver, ¿en qué ha mejorado nuestra existencia? Toda nuestra tierra rusa está sembrada de iglesias, de monasterios, de capillas de todo tipo, pero cuando uno se fija en nuestra vida, entonces lo único que hacemos es buscar excusas. Debemos admitir que no sólo no somos cristianos, es que nunca lo hemos sido ¡y ni siquiera sabemos qué es realmente el cristianismo! Pero no debemos desesperarnos, porque vendrá un tiempo en que la semilla del Señor germinará y crecerá en el campo de la vida rusa. Estoy convencido de que Dios ama a Rusia y de que jamás la dejará morir.

El ladrón de iconos

Mientras escuchaban mi exhortación al arrepentimiento, todos los reclusos lloraban y, cuando terminé la predicación, uno de ellos se quedó en la iglesia y permaneció de pie hasta que todos los demás salieron de ella. En cuanto vio que ya no quedaba nadie, menos yo y un guardia, se me acercó y, después de recibir la bendición, me preguntó si al día siguiente podría dedicarle un poco de tiempo. Le contesté que sí. A la mañana siguiente le mandé llamar después de misa. El director de esta prisión era muy humano y le permitió ir a su despacho, donde yo me acomodé por un tiempo. Allí el detenido se sintió completamente a sus anchas a la hora de abrir su corazón y empezó a decirme:

–Después de sus conversaciones y predicaciones he sentido dentro de mí el tormento de la conciencia. Y estoy absolutamente conmocionado. Hasta el día de hoy me sentía en paz. Mire, padre, desde joven empecé a coleccionar iconos milagrosos. He vivido como novicio en varios monasterios, siempre con este proyecto. Estuve en la Lavra de Kiev, en la de Pocaev, en Odessa, en las iglesias sufragáneas de Athos, en el monasterio de Kursk y en otros lugares donde hay iconos milagrosos. He intentado algunas veces robar el icono maravilloso de Kursk y dos veces el de Kazan. En las otras Lavras era completamente imposible, pero en la Lavra de Kiev quise introducirme en el Tesoro, donde se conservan muchos objetos preciosos. Sabía que allí había ofrendas en oro de los príncipes rusos, pero la empresa era difícil si no imposible. Pensaba que sustraer esos objetos no era un gran mal. Porque, ¿qué pecado era? Dios no necesita en absoluto esas riquezas. Si queréis dar salida a una parte de vuestros bienes y ofrecerlos para una buena obra, dádselos a los pobres que necesiten un trozo de pan. Esto le gustará más a Dios que adornar con oro y brillantes a los iconos más venerados. Padre, intente preguntarles por qué lo hacen. Todos estos adornos preciosos no volverán al icono más santo ni más milagroso, pues con su esplendor no harán más que inducir a error a los ricos y a tentación a los pobres.

–¿Por qué piensas así?, le pregunté.

–El hecho es que, con sus ricas ofrendas, los ricos quieren corromper a la madre de Dios, le hacen un favor y a cambio de ese prodigioso don material piensan: «Estará obligada a concederme esta otra gracia porque le he hecho regalos preciosos». En cuanto a los pobres que necesitan un trozo de pan, insisto, los ricos adornos de los iconos les inducen a tentación ya que no sólo piensan, sino que comentan también en voz alta: «¿Por qué estos iconos milagrosos, estas vírgenes vestidas de oro o de piedras preciosas? Estos iconos no nos conocen a los pobres y no pueden comprender nuestro amargo destino». Aquí es donde está el gran pecado. Y además, padre, creo que esto es idolatría. El Evangelio nos ha enseñado a adornar las almas, no los iconos. Por otro lado, padre, habría poquísimos iconos en Rusia si no les sirvieran a nuestro clero para enriquecerse. Estas ideas son las que me han llevado muchas veces a sustraer a los iconos estos ornamentos de oro, de los que habría podido dar a los pobres una parte de ellos.

Sonreí. El detenido comprendió mi pensamiento y me corrigió inmediatamente:

—No habría repartido sólo una pequeña parte de esas riquezas, es posible que les hubiera dado todo. Los apóstoles de Cristo no poseían ningún icono milagroso ni ninguna iglesia fastuosa. Se reunían para orar en cualquier sitio, en una modesta cabaña o bajo el cielo abierto, mientras que nosotros tenemos oro, plata, ricos brocados y mitras decoradas con brillantes importunos por doquier, y con toda esta riqueza y este fasto se cree que se agrada a Dios y que se abre el reino de los cielos. Mire, padre, en realidad a los monjes se les puede quitar todo, porque no tienen nada propio. Desde el momento que han renunciado a todos los bienes terrenos, no deben poseer nada. Sé de un santo que llegó a vender su único evangelio y lo que sacó se lo dio a un pobre.

El recluso hizo silencio.

—¡Ay, nuestros pecados! —continuó—. Yo soy realmente un pecador, un grandísimo pecador, pero respecto a estos iconos la verdad es que no me siento culpable en absoluto. Quizás porque jamás he logrado sustraer ninguno de sus adornos. En cuanto a los demás objetos de iglesia, como cálices o cepillos para las limosnas, he robado muchísimos. También me han condenado por haber despojado dos iglesias. Pero ¿qué son dos iglesias? Si hubiera cogido un brillante de los iconos milagrosos, eso sí que sería serio. Pero, a pesar de todo, querría confesarme y comulgar.

Le dije que sí. A decir verdad, he tenido que hacer una obra de arte para llevar su corazón a un auténtico arrepentimiento. Me di cuenta con estupor de qué poco dispuestos estaban a un verdadero y sincero arrepentimiento los detenidos que habían sido sacerdotes, monjes, novicios o que de algún modo habían formado parte del clero.

Reflexiones de forzados

Entre los condenados a trabajos forzados me encontré también con el siguiente detenido. Tenía sesenta y siete años. Era casi completamente libre, pues vivía fuera de la prisión. Había llegado allí el mes de junio. Yo pasé a las barracas de los presos y entré también en la suya. Y él, como todos los demás, me recibió muy amablemente. Salimos de la barraca y nos sentamos a algunos pasos de distancia en la hierba fresca al aire libre. Empezó a hablarme de su vida en Kora y del gobernador de Kora, Razgil'dev, que por poco no lo hizo despedazar por sus perros. Se nos acercaron otros presos y también mujeres presas, que convivían con ellos y eran sus mujeres, y se sentaron alrededor de nosotros. Primero escucharon al viejo, y luego cada uno de ellos, por turno, contó algo de su vida. Esto es lo que el viejo refirió:

–Tenía unos veinticinco años y todavía no me había casado. Nos encontrábamos de juerga en una fiesta de bodas. Estábamos borrachos, empezamos a pelearnos y golpeé sin querer a mi suegro en la cabeza, matándole a causa del golpe. Por ello me mandaron a Kora. Para llegar a Kora tuve que recorrer la mayor parte del camino encadenado y tardé casi un año. Era muy raro que consiguiéramos viajar en carros. Cuando llegué a la prisión, acababan de nombrar a un nuevo director, precisamente a ese Razgil'dev. Era una bestia, no un hombre. Padre, yo guiaba su carruaje, era su preferido y fíjese, padre, me mandó azotar tres veces y una vez me azuzó sus perros.

El detenido se echó a llorar.

–Una vez por no dar de comer a sus perros a la hora fijada, otra porque tenía que llevarlo a Nerčinsk y se me había olvidado herrar un caballo. Por eso. Juro ante Dios –siguió contando el detenido– que varias veces estábamos preparados para matarlo o para prender fuego a su casa. Padre, no puede usted imaginarse lo que nos hacía pasar. Un día ordenaba a los presos que cavaran una zanja y a continuación mandaba enterrar vivo en ella a este o a aquel detenido, y nosotros enterrábamos vivo a un hermano nuestro. (Los detenidos lloran). Todos los días ahorcaba a alguno de nosotros, o lo echaba a los perros para que lo desgarraran, o lo mataba a latigazos, o mandaba que lo enterraran vivo. Mire, padre, en Kora todos los penales están construidos sobre los cadáveres o las tumbas de los desgraciados detenidos muertos por esta bestia. Todos los días teníamos un sacerdote para que celebrara un funeral por él. Alguien nos había dicho que si se celebra una misa de muerto por un vivo, a ese no le queda mucho tiempo de vida. Otras veces nos encargaba algún trabajo y teníamos que hacerlo irremisiblemente en un tiempo exacto. Y si por casualidad no se había terminado, aunque fuera por poco, mandaba azotar inmediatamente a los detenidos, y azotarles de tal modo que instantes después tenían que arrastrarles fuera de la sala para enterrarles.

Estaba construyendo una carretera a través del bosque y podéis imaginaros hasta qué punto estaba inundada por la sangre de los presos y sembrada de sus huesos. No era un hombre, sino una bestia, ¡y vaya bestia! Kora es un auténtico lugar de martirio. Algunas veces un vigilante o su nodriza le susurraban algo al oído contra alguno de los presos e inmediatamente veías cómo ya lo azotaban u oías cómo ya azuzaban a los perros contra él. Aquí entierran a diez o doce detenidos vivos, allí llevan en parihuelas a cinco u ocho hombres. ¡Dios mío! ¿Dónde ha podido nacer esa bestia y quién la ha engendrado?, ¿cómo puede la nutricia madre tierra dejarle ver aún la luz del día? Ha hecho morir a decenas de millares de nuestros hermanos. Es verdad que entre nosotros hay gente a la que es preciso castigar, pero no matar. Sin embargo, él mandaba ahorcar a culpables e inocentes como si fueran víboras. Padre, usted sabe muy bien cuántas almas inocentes hay entre nosotros. Pues bien, morían por su mano igual que los culpables. Pienso, padre, que esta Kora es como un segundo Kiev. En Kiev están las santas reliquias y en Kora reposan las reliquias de los detenidos inocentes martirizados.

El forzado se echó a llorar y los demás también. Junto a mí estaba un preso joven y robusto que, después de enjugarse las lágrimas, dijo:

–Para bestias como estas no existe ninguna ley. Si un preso hace algo malo, lo castigan inmediatamente, pero si un jefe comete crímenes cien veces más graves que los nuestros, se inclinan todavía más ante él. Pienso a menudo en Teodoro Kiz'mic, he leído algo suyo. Se cuenta de uno que dejó espontáneamente su trono y que abandonó Taganrog con las alforjas al hombro para vivir como un peregrino. Si todos lo imitaran al menos un poco, si vieran con sus propios ojos cómo vive Rusia, si comprendieran por qué existe tanta pobreza, no nos castigarían de este modo.

–No, compañeros –intervino el tercer detenido–, de esta vida no esperéis nada bueno. Desde el momento en que el poder terreno crucificó al Hijo de Dios, no podemos esperar ningún consuelo de este mundo. Creen que soy anarquista, pero no es verdad. He sufrido toda mi vida porque creo que los hombres son iguales. Pero ahora, padre, Cristo no está en nuestra vida. Hace ya cinco años que empecé a seguir el Evangelio y me siento muy bien.

–Andrej –dijo una mujer–, vivir como tú es difícil. Estás solo y nos das a los pobres todo lo que ganas, mientras tú te conformas con una camisa y un par de pantalones. Pero quien tenga que mantener una familia no puede hacer lo mismo.

–Se podría vivir como vive Andrej –comentó otra presa–, pero para eso hay que negarse completamente a sí mismos y amar a todos. Pero si miras a tu alrededor, ves sobre todo injusticia, ¡y qué injusticia! Basta con contemplar nuestra vida de presos. Una vez estaba de paso en una cárcel y todos decían que el director hacía morir de hambre a los reclusos y que se enriquecía a sus espaldas. Y así era. Se hizo tan rico que, después de gestionar prisiones durante siete años, juntó unos cien mil rublos. ¡Fijaos bien!

–No, compañeros –terció Andrej–, no debemos buscar la justicia fuera de nosotros. No hay más camino que aferrarse a la justicia y ponerla en práctica en nuestra vida. Eso sí que será algo hermoso.

Los presos se callaron y yo dije entonces:

—Decidme, hijos míos, ¿existen en vuestra vida momentos de alegría?

—Pocas veces —respondió el viejo—. Uno siente nostalgia de su patria y sólo piensa en eso, otro maldice su destino y es tremendamente infeliz, y hay también quien ha formado una familia aquí y está preocupado por ella. Son muy pocos los que están contentos.

—Padre —dijo Andrej—, incluso aquí puede haber momentos de alegría para quien tiene la conciencia limpia. Pero el que no tiene una conciencia pura, no tendrá un momento de serenidad en toda su vida.

—Yo —apuntó una joven— tengo en Rusia un chiquillo y una chiquilla de mi marido legítimo, y aquí tengo un niño. Ellos son la causa de que ya no sepa qué es la alegría, porque mi vida es una ruina por la tristeza que siento por ellos.

—Yo también tengo mujer e hijos en Rusia —añadió Vasilij— y aquí he encontrado otra mujer, ¿qué motivos de alegría puedo tener?

—Dígame la verdad —pregunté—, ¿rezáis a Dios?

—Sí —contestó el viejo—, aquí hay algunos que oran, pero hay otros que se han olvidado totalmente de Dios y otros que lo maldicen abiertamente. Es terrible sólo pensarlo. Pero desde que usted está aquí han dejado algo de ofenderlo.

—Querido padre —dijo Andrej—, usted es una gran ayuda y un gran consuelo en nuestra vida de presos. Hace cuatro días sucedió algo que nos sorprendió. Dos detenidos riñeron tan violentamente en nuestras barracas, que estábamos convencidos de que esa misma noche se degollarían. Miramos, y uno de ellos (hasta entonces era un delincuente de tal calibre que se había convertido en el verdugo de nuestra cárcel) llama a la puerta del otro; este agarra una barra de hierro y sale a su encuentro, pero cuando va a golpearlo se le caen los brazos. El verdugo se arroja a sus pies y le dice:

–El padre nos ha dicho que perdonemos a todos. Vale, antes de ponerse el sol yo te perdono. Perdóname tú también.

Nuestras mujeres y nosotros mismos lloramos lo indecible ante una escena como esta. Padre, este es el fruto de su enseñanza. Le rogamos que no nos deje, que no abandone a gente tan desgraciada como nosotros.

El relato de Andrej me conmovió. Al final nos levantamos y, antes de irme, les di las gracias por esta conversación. El viejo quiso salir para acompañarme.

–Mi querido amigo –le dije–, tú has soportado muchos tormentos y muchos dolores.

–Sí, este Razgil'dev ha mandado a tantos al otro mundo sin ningún motivo, pero no ha merecido más que maldición por nuestra parte. No hay una sola canción de presos, ni una sola poesía donde no se le maldiga.

Saludé al viejo y volví a mi casa.

El moldavo parricida

Este preso era un moldavo, un individuo feroz y rapaz, que se había arrepentido últimamente. Era de mediana edad, de anchas espaldas, de fuerte complexión y no muy alto. Esto es lo que me contó de sí mismo:

–Desde joven he sido un holgazán. Me gustaba estar sin hacer nada. El ocio me enseñó a merodear por los huertos, por los viñedos y por los colmenares de otros. Frecuentemente hacía fiesta por la tarde y casi todos los días visitaba las tabernas. Al principio, mi padre se metía a veces conmigo, me maldecía, sí, me maldecía, y yo respondía a sus improperios haciéndole rabiar todavía más. Le plantaba cara y le decía: «Perro viejo, aquí me tienes. Anda, prueba un poco, muerde... ¡aquí me tienes, reptil! No me maldecirás por mucho tiempo, viejo demonio. Te mandaré muy pronto al otro mundo».

Al principio me daba vergüenza cuando me hablaba. Me amenazaba con el castigo de Dios, pero yo le respondía: «Tu cruz y tu comunión me importan un bledo». O le decía bien claro: «A tu Dios, mira dónde lo meto...». Y lo insultaba con todas las injurias y palabrotas posibles.

Nuestra vida seguía su curso, los días pasaban uno tras otro y yo era cada día peor, cada vez más pérfido, siempre más disoluto. Empecé a robar y a emborracharme. La vida me arrojaba de un vicio a otro y me zarandeaba hasta que empecé a no encontrarme ya a gusto.

Una vez me armé de valor y fui por la tarde a ver a nuestro sacerdote para confesarme y cambiar de vida. Iba con toda mi mejor intención, pero, cuando llegué a su puerta, vi que también llegaba a ella el sacerdote borracho perdido. Al verlo en ese estado me puse a blasfemar, dejé a un lado todas mis buenas intenciones y me fui directamente a la taberna. Para olvidar mi desilusión, me puse a beber y no dejé de hacerlo desde el anochecer hasta la mañana siguiente.

Aquella tarde me dio mucha pena de mí y decidí corregirme. Había ido a ver al sacerdote consciente de que había arruinado mi vida y, mientras iba de camino, me decía: «No, vivir así es malo, no se puede seguir viviendo de este modo. Debo hacer penitencia, debo cambiar, cambiar radicalmente». Y ya verá usted lo que me pasó. «No, ahora he caído para siempre –me dije– y ya no puedo volverme atrás. Mi alma está perdida». Y empecé a beber un vaso tras otro.

Volví a casa por la mañana. Apenas me tenía en pie. El viejo, mi padre, me dijo no sé qué, y entonces lo agarré por el cuello y lo estrangulé. Cinco minutos después mi padre entregó su alma a Dios. Huí. Dos días más tarde llegué a Kisinev. Allí estuve tres días, pasaba las noches en dormitorios públicos. Un vagabundo me aconsejó que pasara la frontera de Austria. Pero en Austria no pude estar mucho tiempo por la nostalgia que me atormentaba y volví a Rusia. No me encontraba aún a cinco verstas de Soroki cuando me detuvieron. Como es natural, me procesaron y me condenaron a trabajos forzados.

Mire, padre, me atormentan pensamientos perversos, pero cuando estos pensamientos míos se calman y me libero totalmente de esta horrible tempestad, entonces, en algún rincón de mi alma, mi desesperación, el odio contra mí mismo, el irresistible deseo de liberarme de este estado terrible explotan como un volcán, como un río de lava. ¿Qué debo hacer? Sufro las penas del infierno, el dolor me destroza.

–Mi alegría –le dije–, debes odiarte a ti mismo y odiarte hasta sentirte el mayor pecador del mundo. Y en esta humillación voluntaria debes arrepentirte, tanto que no se te escape nada, ni un solo pecado. Y si esto no te sirve, te voy a decir cuál es el método más rápido y radical: si quieres de verdad liberarte de esa costumbre de pecar tan arraigada en ti, debes hacer penitencia pública de cada uno de tus pecados delante de todos tus compañeros. Este será el medio más radical y seguro.

El detenido reflexionó un poco y luego dijo:

–Sería un sufrimiento enorme, es imposible.

–No existen otros medios contra pecados que han echado raíces tan profundas, repliqué.

—Créame, padre —insistió—, es demasiado difícil.

—En la tierra no hay otro remedio contra este tipo de costumbres. Estas costumbres solamente se extirpan de lo profundo del alma humana con un profundo arrepentimiento ante Dios.

—No, no puedo, dijo el detenido.

—Ciertamente yo no soy quién para obligarte a dar este paso, pero debo decirte una cosa: para liberarse completamente de ese mal tan arraigado en ti no existe otro remedio. ¿Alcanzas a pensar qué será de ti? Más pronto o más tarde tendrás que beber hasta el final las últimas gotas de una vida tan envenenada como la tuya.

—Lo entiendo —replicó el detenido—, pero no tengo valor para decidirme a dar ese paso.

—Mira lo que puedes hacer: mañana daré una absolución general sólo para ti, expresamente para ti, y entonces podrás decidirte a dar ese paso.

A la mañana siguiente, antes de la liturgia, di la absolución general. Me sentó muy mal no ver a mi preso. Empecé a celebrar la misa. Prediqué en la comunión y al final me di cuenta de que los detenidos escuchaban muy atentamente la palabra de Dios. Cuando terminé, invité a los presentes a ponerse de rodillas. Me arrodillé yo también y terminé la oración con las siguientes palabras, pronunciadas en forma de oración, como solía hacer:

—¡Oh Cristo, rey nuestro! Vuelve tu rostro sobre estos presos infelices y ábreles en este momento las puertas de un fervoroso arrepentimiento. Ábreles, Señor de misericordia, las puertas de tu amor, que todo lo perdona. ¿Quién de los mortales, Señor, está sin pecado ante ti? Pero Tú, Tú que eres el Señor del cielo y de la tierra, sustituye tu justicia rigurosa por la llama de tu amor a ellos, llama capaz de abrir el alma y el corazón de los pecadores.

Todavía no me había levantado del suelo cuando apareció mi preso en el ambón de la iglesia y, de pie en los escalones, empezó a confesar en voz alta y en público sus pecados. Al escuchar cómo exponía sus culpas, todos los detenidos lloraban. Cuando terminó su confesión, me dirigí a él con estas palabras:

–¡Hijo mío, hijo mío predilecto! Mientras hacías tu confesión, cuando con tu penitencia pública hacías que los otros presos avanzaran por los caminos del arrepentimiento, entonces Cristo, amigo y salvador de los pecadores que se arrepienten, borraba con su mano derecha todos tus pecados y todas tus iniquidades del papel de su justicia divina y, por el poder que me ha otorgado, pone en mis labios indignos las palabras que un día pronunció Él mismo, en un instante solemne de su vida terrena:

–Se te perdonan todos tus pecados porque has amado mucho.

El preso sollozaba. Luego se calmó y se acercó a la sagrada comunión. Al día siguiente me dijo que le parecía como si hubiera renacido a una vida nueva. Su alma estaba llena de gozo y alegría, y ese día era como si hubiera vuelto a venir al mundo, no a ese mundo que había conocido hasta el día anterior, sino a otro mundo renovado y transfigurado. Yo daba gracias a Cristo por la protección tan eficaz que da a los pecadores.

El oficial traidor

Se trataba de un condenado político, pero para mí no dejaba de ser más que un delincuente común. Era un oficial del cuerpo de estado mayor que había vendido los planos de la fortaleza de Varsovia al estado mayor alemán. Esto es lo que me contó:

–Tengo una mujer guapísima y nada puedo decir de ella porque es una mujer maravillosa y una buena esposa. De soltero me gustaba enamorar a las muchachas, pero no como hacían los demás. Cuando me casé, viví honesta y lealmente algunos años con mi mujer. Algún tiempo después, cuando entré en el estado mayor, empecé a ir por la senda ancha. Y, para mi desgracia, entonces las mujeres se me pegaban.

Me junté con una señorita que era hija de un sacerdote. Mire, le daba puntualmente todos los caprichos y satisfacía todos sus antojos sin llevarle nunca la contraria. Todo el dinero que tenía iba a parar a este querido ídolo. Un día me hizo saber que me dejaría de amar si alguna vez le negaba algo. Una noche me di cuenta de que me trataba fríamente mientras miraba con especial interés a un joven teniente todavía soltero, algo que jamás había hecho hasta aquel momento. Esta constatación me irritó terriblemente durante toda la tarde. Al final la invité a ir a una habitación de un hotel. Pasé la noche con ella y la convencí de que dentro de un mes recibiría una gran cantidad de dinero y de que obtendría con toda probabilidad el divorcio de mi mujer y me casaría con ella. Así se lo dije, y aceptó. Pero, ¿cómo conseguir ese dinero? Pues de la forma siguiente: decidí vender a Alemania los planos de la fortaleza de Varsovia. Y de hecho los vendí por muchos miles de rublos. Debo decir la verdad: yo mismo incluí en estos planes un nuevo esquema que debía suscitar interés en el estado mayor alemán, señalando nuevos trazados de esta fortaleza absolutamente desconocidos por todo el mundo. Me quedé de piedra al ver que Alemania estaba perfectamente al corriente de todos nuestros secretos militares. Durante dos días enteros tuve que esforzarme para convencer al estado mayor de la existencia de nuevas fortalezas que no existían en realidad. Y cuando los alemanes pusieron ante mis ojos el plano de estas obras de defensa y empezaron a enseñarme dónde estaban situadas, en qué consistían, de qué tipo eran y cuándo habían sido reforzadas, me quedé muy sorprendido. Estos alemanes lo saben todo mejor que nosotros, conocen todo lo que nosotros rodeamos del más profundo misterio: todos nuestros secretos militares.

El oficial terminó su relato. Y luego, tras una larga pausa, volvió a hablar:

–Ella me denunció. Fíjese lo que es una mujer. La mujer necesita tres cosas: dinero, hombres y vestidos elegantes. ¡Esta es su felicidad, su dios, su vida! Se dice que los demonios están en algún sitio. Puede que sea verdad, pero lo que es una verdad indiscutible es que la mujer es un demonio en la tierra. Las mujeres son fraguas donde con manos delicadas se forjan los cepos para los hombres. Sólo tiene que verme a mí. ¡Cuántas veces ella me estrechó entre sus brazos ardientes, cuántas me juró su amor, cuántas inundó mi rostro con lágrimas de pasión, con cuántos besos me mostró su afecto! Y ya ve adónde ha ido a parar el amor que me tenía: a estas cadenas de hierro, a los trabajos forzados, a la muerte en la soledad y en la desesperación.

Este detenido tenía con él a su mujer y a su sobrina. Su mujer se comportaba con él con tanta nobleza de ánimo, que fue varias veces a Petroburgo a solicitar la gracia para su marido.

Murió en Čita en mil novecientos seis. Lo confesé y le di la comunión tres o cuatro veces. Tras la muerte de su marido, su noble mujer, Paraskeva Matvièevna, se fue de Čita para vivir en Saratov.